JN076941

eBay個人輸出で3倍儲けるマニュアル

副業や「在宅ワーク」に
生かせる越境EC

志村康善
Yasuyoshi Shimura

ビジネス社

はじめに

副業・起業、育児の間に在宅ワーク、退職後の第2の仕事や資産運用……。収入を増やす方法をお探しなら、個人でも取り組める越境ＥＣが有望です。

越境ＥＣというのは、アマゾンやeBayなどのショッピング・モールを使って、日本から海外に、商品を輸出販売していくビジネスです。１９９０年代の半ばから始まり、現在ではすでに、一定の歴史のあるビジネス手法の一つです。

この越境ＥＣの市場規模が、今、ものすごい勢いで拡大しつつあり、世界規模で見ると、２０２１年から２０３０年の10年間で、10倍に拡大、１０００兆円の市場規模になると推定されているのです。

アベノミクス以来の円安も追い風となり、越境ＥＣというビッグ・ウェーブに乗ることで、すでに収入を増やしている日本人が増えているのです。

インバウンド景気という言葉も、よく聞かれるようになりましたが、世界中の外国人が、どれだけ日本に関心が強いかを、訪日外国人の数が物語っています。２０１３年に政府から発表された日本再興戦略においては、「２０３０年に訪日外国人数を３０００万人」とする目標が掲げられました。その後急激に訪日外国人が増え、わずか3年後の２０１６年には、「２０３０年に６０００万人」へと、訪日外国人の目標が倍増されました。爆買いという言葉が流行語大賞を取ったのは、その直前です。新型コロナの世界的蔓延で、訪日外国人も一時的に減りましたが、２０２３年7月時点では、コロナ前の8割に迫る勢いを取り戻しています。

生まれたときから、日本のアニメやゲームで幼少年期を送った人たちは世界中にいます。彼らが日本への観光や、その際のＳＮＳ投稿を通じて、日本の商品をＰＲし続けているのです。そうした情報に触れた他の外国人が、日本の商品に興味関心を抱き、越境ＥＣで日本製品が、さらに売れるという好循環も生まれています。

こうした世界から日本への関心と熱い視線が、副業や資産運用に関心ある日本人にとって、大きなビジネス・チャンスとなり、個人にとっても投資機会を生んでいるのです。

本書は、このような越境ＥＣに少しでも関心のある初心者に向けて、自ら越境ＥＣに取り組むための、入門と実践の手引きを提供する本です。

すでに、越境ＥＣを始められている人にとっては、「越境ＥＣを選んだ判断は間違っていなかった」ということを改めて確認し、さらに力強く取り組むためのモチベーションを高める材料や、取り組み方を見直してブラッシュ・アップできる材料も得られるでしょう。

さて、本書はタイトルに「3倍儲ける」という、やや刺激的なキーワードを盛り込みました。これはギリシャ神話に登場する商業の神ヘルメスにあやかっての起用です。日本でも一橋大学や、大阪市立大学（旧制大阪商科大学）などの商業系教育機関の校章には、マーキュリーの杖がモチーフとして広く使われていますが、これは商業の神ヘルメスが携えていた杖なのです。かつて「ヘルメス・トリスメギストス」つまり、「3倍偉大なヘルメス」という尊称を使う習慣もあったのですが、本書を通じて越境ECを志す読者の皆様にも、「3倍偉大な成果」が得られますようにと願いを込めて、敢えて挑戦的なタイトルを付けました。

この点では、第5章で目標利益・目標売上を達成する公式を紹介していますが、この公式を使えば、「3倍儲ける」までに必要な努力の道筋も見えて来るでしょう。また、3章で紹介したEさんの事例（利益単価7・7万円）もヒントになります。これは同じカテゴリーの標準的利益単価の3・5倍～7倍の利益に相当します。10年で10倍という越境EC

の市場規模拡大を追い風に、本書をお読み頂く皆さんには、3倍くらいは、ぜひとも稼いで頂きたいと思います。

「失われた30年」という言葉がメディアで囁かれたことがありましたが、2023年現在では、株価や企業の賃金水準など、日本の景気が回復しつつある明るい話題も増えてきました。

時を同じくして、日本からの越境ECという明るい話題をお届けできることを、著者として大変嬉しく思います。このチャンスをつかみ、収入を伸ばし、人生の選択肢を豊かにできる日本人が1人でも多く増えることを願って、本書をお届けします。

2023年10月

志村康善

eBay 個人輸出で3倍儲けるマニュアル　目次

第1章　10年で10倍に成長し、追い風吹くビジネス

Contents

第2章 レトロ・ブームに乗る「売れ筋商品」を探す

Contents

第3章 アマゾンとeBayどちらが使いやすい？

第4章 eBayで輸出・5つのステップ

第5章　売上・利益管理、返品対応のリアルノウハウ

Contents

第1章

10年で10倍に成長し、追い風吹くビジネス

経済産業省が発表した報告書

10年で10倍、1000兆円。冒頭から、ずいぶんと景気の良い数字です。これを見て、どうお感じになるでしょうか？

この数字は、日本の政府が発表したある報告書と、その作成に使われた基礎資料等から導かれたものです。

その報告書とは、2022年8月に経済産業省から発表されたもので、「令和3年度電子商取引に関する市場調査　報告書」というタイトルがついています（以下、報告書）。

https://www.meti.go.jp/press/2022/08/20220812005/20220812005-h.pdf

その報告書のタイトルにある「電子商取引」とは、アマゾンや楽天などのネット・ショッピングのサイト上で品物の売買をすることで、英語では、EC（Electric Commerce＝エレクトリック・コマース、eコマース）と呼びます。もちろん、メルカリをはじめとしたスマホでできるネット・ショッピングや、メーカー、小売店が自社で運営するネット・

ショップでの買い物も、ＥＣです。

さらに、ＥＣの中で、国境を越えて行う取引（つまりインターネット上で行う輸出入取引）を越境ＥＣと呼びます。

この報告書は、ＥＣ市場全体の興隆について述べた資料ですが、特に越境ＥＣの市場規模は、２０１９年の７８００億ドル（１１３兆円）から、２０２６年4兆８２００億ドル（６９９兆円）へと、7年で約６・2倍に拡大するという予測を記載しています（報告書１０３ページ。為替レートは執筆時点の１４５円で換算）。

10年で10倍ではないぞ、とご指摘を受けそうですが、もう少しお付き合いください。

経済産業省の報告書が、越境ＥＣの市場規模拡大を予測する根拠となった資料は、Facts and Factors（ＦＮＦ）という海外の市場調査会社のデータです。

https://www.fnfresearch.com/cross-border-b2c-e-commerce-market

このＦＮＦの資料を見ると、２０２１年の越境ＥＣの市場規模は７８５ですが、２０３０年は７９３８です（単位は10億ドル）。その差は約10倍！　これが、本節冒頭の刺激的な数字の根拠です。

それでも単位が大きすぎて、イメージがつかみにくいですね。まずは円に換算してみましょう。２０２１年に７８５＝約１１３・８兆円だった市場規模が、10年後の２０３０年には、７９３８＝約１１５１兆円（為替レートは前述の通り）になります。やはり10年で10倍です。

日本のGDP対比で2倍の成長市場

円表記で１１５１兆円としましたが、それでも巨額過ぎてイメージが漠然とします。

そこで、比較の対象として、日本のＧＤＰ（国内総生産）を使って、比べてみましょう。

ＧＤＰは日本一国で1年間に生産された価値の総額を表したもので、分かり易く言えば、日本国内で働く人全員（外国人含む）が1年間で稼ぐ金額の合計です。

内閣府によると、日本の２０２２年実質ＧＤＰは５４９・２兆円ですから、だいたい５５０兆円という巨額な値です。統計上は米国、中国に次いで世界で3番目の大きさです。

それに対して、２０３０年の越境ＥＣの市場規模予測は、１１５１兆円です。

ということは、２０３０年には、世界の越境ＥＣの市場規模は、現在の日本のＧＤＰの

2倍以上になるということです。世界の経済大国の1つである日本のGDPの2倍です。分かり易く表現すれば、**２０３０年ころには、日本のＧＤＰの２倍以上に相当する、もう１つの経済大国が地球上（サイバー空間上）に出現する、そのようなイメージ**で考えてもいいでしょう。

繰り返しになりますが、10年で10倍増。そして、日本のGDPの2倍以上。越境ECの市場規模が、如何に急激に拡大しつつあるのか、ということがイメージできるのではないでしょうか。

この調査・予測を行ったのはFNFという調査会社です。経済産業省の報告書が参考にしているとはいえ、1社だけの数字では、信ぴょう性が十分ではないと感じられる方もいるでしょう。そこで、他社の調査結果についても、触れておきます。

この点、FNFをはじめとした調査会社は、市場規模の将来性を測る物差しとしてCAGRという指標を使います。簡単に言えば年間成長率のことです。FNFの場合は、越境EC市場の年間成長率を、26・19%と推計しています。これは、1年で26・19%ずつ、複利で成長するということです。

試しに電卓で、1・2619を10回掛け算すると、10・23になります。つまり10年で10・23倍になるということで、当然ではありますが、この指標から計算しても、先の市場規模拡大の予測（10年で10倍）と整合します。

他の海外の市場調査会社が推計する越境ＥＣの年間成長率をそれぞれ見ていくと、以下の通りです。

・Zion Market Research　28・4％（12・2倍）
・POLARIS Marcket Research　26・2％（10・2倍）
・VANTAGE Market Research　25・0％（9・3倍）
・Grandview Research　25・8％（9・9倍）
・SPHECAL INSITE　24・7％（9・1倍）
※（ ）内は、初年度に対する10年後の倍率

このように、各社の年間成長率で10年推移すると、いずれも市場規模は現在の10倍前後の数字になります。あまりにも景気がいい数字は、一般に客観性が薄いことが多いものですが、越境ＥＣの市場規模の拡大という経済の潮流については、多くの調査会社が、軒並

み高い年間成長率を予測していることを見ても、一定の説得力を感じざるを得ません。

先ほど、越境ECの2030年の市場規模は、日本のGDPの2倍以上だと書きましたが、その日本のGDPは、1990年代前半から、30年間横ばいです。10年で10倍という数字の意味を、この比較からも改めて考えてみてもいいと思います。

個人や副業ワーカー、そして小規模企業にもビッグ・チャンスをもたらす越境EC

今、これほどまでに、大きなマーケットとビジネス・チャンスが生まれつつあり、私たちは、そのような躍動感ある時代に生きているわけです。

さらに嬉しいことに、越境ECというビッグ・ウェーブは、大手企業だけではなくて、個人事業者はもちろん、副業ワーカーにまで恩恵をもたらします。小なりとはいえ、既に組織を持っている小規模企業に至っては、新規事業として取り組むには、最高のチャンスでしょう。

この本を読んでいるあなたも、その恩恵を受けることが可能なのです。

本当に個人でも越境ECをビジネス化できるのか？　それを解き明かすために、まずは越境ECの基本的な構造についてお伝えします。

越境ECというのは、簡単に言えばインターネット通販の仕組みを使って、海外にモノを輸出販売していくことです（もちろん輸入もできますが、人口の増減や市場規模の拡大を考えると、輸出の方が、メリットが大きいでしょう）。

海外にモノを売るには、ネット・ショップが必要ですが、ネット・ショップを用意する方法には2つあります。

自分（自社）で準備・構築する方法
ショッピング・モールを使う方法

後者の代表例が、Amazonや、eBayです。これらは、多くの販売者が集まって市場を形成するネット・ショップの形態です。**自社でネット・ショップの企画や立ち上げ、技術的なメンテナンスを行わなくても販売するサイトが使えるため、個人や小規模企業でも手軽にネット・ショップを運営できます。**

例として挙げたeBayについては、もしかしたらご存じない人もいるかもしれませんが、欧米圏ではアマゾンに次いで有名なショッピング・モールの代表格です。日本では、楽天やヤフーに近い存在感と考えておくとよいと思います。本書でも後で詳しく取り上げますし、前著『ネット個人輸出の成功マニュアル eBayで１００万円稼ぐ！』も是非参考にしてください。

さて、本題に戻りますが、自社でネット・ショップを用意する方法と、ショッピング・モールに出店する方法ではどちらが良いでしょうか？

小規模企業や、個人事業、副業で始めるなら、まずはショッピング・モールがおススメです。

ショッピング・モールは、アマゾンや楽天、ヤフー、eBayを思い出してもらえれば分かる通り、**既に知名度が確立しており、そこに出店するだけでも、ある程度の集客が可能です。店舗に例えてみれば、人通りの多い街路に、店を出すことに匹敵する**わけです。

コスト面でも、成功報酬としての販売手数料は必要ですが、売れた後に、その売上代金の中から支払えますから、先出しの出費ではありません。月会費も、月額数十ドル程度の安価な価格で、出店が可能です。

他方で、自社サイトの場合は、立ち上げ時の初期投資も必要になります。これだけでも、結構な金額になりますから、小規模な事業者には、自社サイトでの越境ＥＣは、ハードルが高い選択肢です。

さらに、運営に当たっては、自分で広告費をかけて集客する必要があります。広告の運用も一つの専門技術です。カンタンではありません。そして、広告の一環としてＳＮＳの運用を行う競合も多いです。そうした競合に負けないようにＳＮＳを運用する場合、日々の投稿や、一人一人の見込み客と、個別にメッセージをやり取りするなど、少人数で運営するのは、本当に大変です。

以上のような着眼点で、自社サイトとショッピング・モールを比較すると、初期投資の大小や、広告運用のコストや手間、そして実際の集客力から見て、個人や小規模事業者には、ショッピング・モールがおススメになるわけです。

アンケート調査に見るショッピング・モールの魅力

興味深い調査結果として、政府系金融機関である日本政策金融公庫が行った「越境ＥＣ

に関するアンケート調査」という資料があり、小規模事業者を対象に行われています。

https://www.jfc.go.jp/n/findings/pdf/topics_220215a.pdf

その中で、モール型を選択する事業者と、自社サイト型を選択する事業者のそれぞれに、その選択の理由を質問しているのですが、その回答結果が、参考になります。

まず、モール型を選択する理由として、開始コストの低さを上げた事業者の割合が52・4%と、半分を超えています。これは、資本力に限りのある小規模事業者にとっては、**開始コスト（つまり初期投資・元手）が小さくても開始できるということが、非常に重要な判断基準**だということを示唆しています。

同様に、ショッピング・モールの知名度を上げた事業者が52・4%と、同じく半分以上で、集客の容易さを上げた事業者の割合が47・6%で、半分に近い割合を占めています。

これらの回答内容を見ると、**ショッピング・モールは、低コストで、成功の見込み（集客力、販売力）が高い**と考える事業者が多い、ということが読み取れます。

逆に、自社サイトを選択する事業者の69・6%、つまり7割近くが、自由度の高さを上げています。自由度というのは、ショッピング・モールのような規約の影響を受けにくく、自由な取引条件での販売活動が可能であること、そして、そのためのシステム構築上の自由度が大きいということです。

そのため、システムを構築するだけの技術力を自社で保有していたり、外注できる資本力がある事業者には、自社サイト型の魅力が大きいということです。

現実には、小規模な事業者には、新規事業である越境ＥＣに、それだけの資金を投下できないことが多く、このアンケート調査でも、73・5％の事業者が、モール型を選択しています。

ここまで、個人でも、小企業でも、越境ＥＣにチャレンジしてビジネスができるということをお伝えしているわけですが、要はショッピング・モールという存在が、あなたの味方になってくれる、ということです。

これを使えば、個人でも越境ＥＣというビッグ・ウェーブに乗ることができるわけです。つまり、ショッピング・モールを利用することで、ネット・ショップ構築のための初期投資や、複雑な広告運用の手間、そして集客コストの先出しを抑えて、個人や小企業でも、越境ＥＣというビッグ・ウェーブから収入増を得ることができるということなのです。

なお、先にあげた日本政策金融公庫のアンケートでは、回答した107社のうち、81・3％が従業者数5名以下の規模です。こうした小さな会社でも、越境ECを通じて世界を相手に事業を行っているわけですが、もう少し規模の大きい中小企業でも、新規事業を立ち上げる場合は、通常は1、2名～5名以下の小さなプロジェクト・メンバーで企画を進めることが多いでしょう。この点から、中小規模の企業でも、十分に参考に値する調査結果でしょう。

安全な決済方法でリスクから解放される仕組み

もう少し詳しく、ショッピング・モールを使った越境ECについて、解説していきましょう。まず、越境ECつまり外国人との取引と聞いて不安になるのは、お金の面です。きちんと支払ってもらえるのかどうか？ 騙されたりしないのか？ 慎重な人ほど不安も大きいものです。

この点、ショッピング・モールでは、一般にエスクロー・システムが導入されていて、取引が安全に進むよう、たくさんの配慮がなされています。エスクロー・システムというのは、売上代金を払う側と、受け取る側に加え、第三者の決済業者（エスクロー）が仲立ちする仕組みです。

具体的には、ショッピング・モールのお客さんは、品物を買う時に、売り手に直接支払うのではなく、第三者であるエスクローに対して支払いを行います。

エスクローは、代金の受領を行うと、その結果を販売者に通知します。この仲立ちによって、モノを売る販売者側は、買い手が支払いを行ったこと、つまり代金の決済を受けたことを、客観的に確認してから、品物を発送することができるのです。

その結果、支払い前に品物を発送して、あとで代金を支払ってもらえないというリスク、つまり代金未回収リスクから解放されるのです。

逆に、買い手の側のメリットは何でしょうか？

お客さんは、売り手に直接支払いをするのではなくて、第三者であるエスクローに支払いを行います。品物が到着しない場合や、求めていた商品ではない品物が届いた場合など、不意の事故や不正が起きた場合には、その事実を申し立てることによって、エスクローから代金を返してもらうことができるのです。

その結果、「お金だけ払って、欲しい品物を入手できない」というリスクから解放されるのです。

以上のように、**エスクロー・システムによって、売り手と買い手の双方が、リスクから解放される仕組みがあり、主要なショッピング・モールは、通常エスクロー・システムを採用しています。**

日ごろはあまり意識していないとは思いますが、日本国内で、ネット・ショッピングを行う場合でも、エスクロー・システムによって、取引の安全が図られているのです。

逆に言えば、こうしたエスクロー・システムが整備されていないネット・ショップで買い物をすると、場合によっては、不測の事態に巻き込まれることもあり得ます。

そのため、お客さん側でも、あまり有名ではない（つまり信頼性の低い）ネット・ショップで買い物をすることに、慎重な人も出てくるわけです。

そうした点からも、**歴史（運営実績）や、規模があって、安心感の得られるショッピング・モールなら、たくさんの見込み客を集客しやすい仕組みを活用できて、成功しやすい、**ということが理解できるのではないでしょうか。

外貨取引の両替・円転もカンタン

越境ECでは、ショッピング・モールを運営する会社のある国の通貨が使われることが一般的です。アマゾンや、eBayなど、日本人でも比較的取り組みやすいショッピング・モールは、米国企業であるため、米ドルで売上代金を受領します。

他方で、日本人の販売者が、越境ECを行う場合、売上代金を原資にして、仕入れ代金などの各種の支払いをする必要がありますが、ドルのままでは、日本国内での支払いができません。

そこで、ドルから円への両替が必要になります。米国アマゾンでも、eBayを使う場合でも、両替サービスが利用できます。その両替サービスを行う会社がPayoneer（ペイオニア）です。

eBayでは、以前はPaypalが両替サービスを提供し、エスクローまでやっていましたが、現在はPayoneerが、両替サービスを提供しています。

具体的には、米国アマゾンや、eBayで売上代金を米ドルで受領すると、その売上代金は、一定期間ごとに、Payoneer の口座に送金されます。

日本人販売者でも、日本で Payoneer に口座を作ると、ドルを受け取ることができ、日本の銀行口座への送金時に、自動的に両替されます。

この仕組みによって、米国などの海外で銀行口座を開設することなく、米ドルを受領し、日本円に両替ができます。さらには日本の銀行まで送金することができるのです。

このような仕組みによって、日本に居ながらにして、成長性と将来性のある海外のショッピング・モールを使い、日本で仕入れた商品を、世界中に販売して行けるのです。

商品の配送は、宅配便でOK！ 個人宅からも世界に届く！

お金の次に気になるのは、商品の発送ではないでしょうか。高額な送料がかからないか？ 無事に海外に届くのか？ 紛失や破損などの事故はないのか？

越境ECでは、そういった点でも、個人や小規模事業者が取り組みやすい環境が用意されています。

まず**商品の配送方法は、大手物流サービスが利用できます。日本全国の個人宅や事務所**

から、世界の到る所にまで品物を届けてくれます。具体的には、DHL、FedEx、国際郵便（日本郵便）、国際宅急便（ヤマト運輸）などを使います。

それぞれ、取引条件や配送可能な地域、使い勝手の良し悪しなど、少しずつ違いはありますが、個人や小規模事業者でも利用することが可能で、越境EC実践者にとっては、頼もしい存在です。

特に、日本郵便が提供する国際郵便や、ヤマト運輸が提供する国際宅急便は、日本国内での宅配サービスで多くの日本人にお馴染みの会社のサービスです。越境EC未経験者にも最初の一歩を踏み出すには、心理的ハードルも低く利用することが可能なのではないでしょうか？

他方で、DHLやFedExは、外資系の運送会社ですが、それぞれ全世界に張り巡らされた物流ネットワークで、迅速に海外のエンドユーザー宅まで品物を送り届けてくれます。現在の越境ECの商品配送では、主流となっているのが、この2社です。**早い場合には、発送から2、3日程度で海外の顧客に商品が到着し、非常に高い評価をもらうことができます。**

副業ワーカーでも、事業者登録することで利用可能ですので、越境ECを行う場合には、利用することをお勧めします。

それぞれ、どの程度の送料がかかるのかは、気になるところですが、小包程度の大きさなら、数千円で世界の主要国に配送可能です。実際に、越境ECを実践する日本人販売者は皆、これらの運送会社に商品配送コストを支払っていますが、その費用は当然、海外のお客さんが支払う商品代金や、海外のお客さんに負担頂く送料に反映されます。

つまり、実質的に運送費用を負担するのはエンドユーザーである海外のお客さんなのですが、運送費用を負担してでも欲しい商品が日本にはたくさんあるということで、採算ベースに見合う送料になっているということです。この点でも、越境EC実践者にとって、採算割れするような高額な送料ではありませんので、安心して取り組むことが可能です。

なお、DHLとFedExについては、**ネットで運賃検索すると、一般消費者向けの運賃テーブルが公開されていますが、それは「一般消費者向け」の運賃です。「事業者」として登録することで、割引率の大きい事業者価格の運賃を利用できます**ので、しっかり手続をして、割引運賃を使いましょう。一定の条件を満たすことで、副業ワーカーでも登録できます。

運送事故はゼロではありませんが、販売者にとって十分に採算に乗る水準の事故率のため、安心して利用することができます。また、高額な商品を発送する場合には、運送保険を付けることで、万一事故が起きた場合でも損失をカバーすることが可能です。特に日本郵便が提供するＥＭＳという国際郵便サービスは、送料の中に、一定金額までの保険料が含まれていますので、運送保険を割安に利用することが可能です。

商品の保管場所も困らない！発送代行業者が、梱包・発送までやってくれる！

越境ＥＣにチャレンジしようとする方が懸念されることが多いのが、商品の保管スペースです。特に個人や副業ワーカーの方にとって、限られた自宅スペースを商品保管のために使うことは、物理的に難しい場合もあれば、同居する家族への配慮が必要など、もろもろの心理的なハードルが高い場合もあるでしょう。

かといって、貸倉庫を新たに契約したり、保管用の賃貸不動産を別途契約するのも、追加コストが大きいです。

しかし、ここにも活路はあります。それが、発送代行業者の存在です。

特にeBayで越境ＥＣをやろうとされる場合には、発送代行業者に、商品を預けることができます。月額5000円前後の会費で、発送代行業者が販売者の代わりに、預かっている商品を梱包・出荷してくれます（出荷ごとの手数料は別途必要）。

このような仕組みのお陰で、**自宅に保管スペースが無い場合でも、低コストで、発送代行業者の保管スペースを利用できるのです。**代行業者によっては、保管スペースの大小を問わず、月額5000円前後という低コストを謳い文句にしているところもあります。

さらに、発送代行業者のメリットは、保管スペースの確保だけに留まりません。越境ECの販売者は、販売と代金受領を確認したら、発送代行会社に、発送ラベルを送付するだけで、商品の出荷ができます。

このような仕組みがあることで、**自宅や事務所を留守にしているときに、商品が売れたとしても、パソコンから連絡一つで、代行業者が代わりに発送してくれます。**また、副業ワーカーにとっては、本業勤務中に売れても、昼休みに連絡一つで、商品の発送が可能になります。**つまり、机とパソコンだけでも輸出ビジネスが可能になる**環境があるわけです。

このような発送代行会社があることで、人を雇わないでも、一人で（または少人数で）越境ECに取り組むことができるようになります。

小さな売上でも倒産しない秘訣は、固定費にあり！

保管スペースの家賃とか、人を雇う場合の人件費は、固定費です。固定費とは、売上の大小にかかわらず（つまり売上がゼロの場合でも）かかる毎月の経費のことです。

固定費が少なければ、小さな売上でも利益が得やすいので、経営の安全性は高まります。逆に、大きな固定費は、相応に大きな売上が無いと黒字化しないので、経営のリスクを高めます。

そのため、如何に固定費を小さく抑えるか、ということが、黒字と赤字を分ける分岐点、経営成功の分かれ道になるのです。これを会計学や経営分析の世界で、損益分岐点と呼びます。

この点、発送代行業者を使えば、大きな固定費を負担するリスクから解放され、経営の安全性も高まるのです。

また、出荷ごとに支払う手数料は、売上代金から支払うことができます。つまり先出しの出費が不要で、売上代金受領の後に、その代金を原資にして支払えば良いので、実質的に自己負担なく支払うことができます。

これから越境ECを始めようとされる人には、売上や利益がいくらになるのかわからない中で、人を雇う費用や、保管スペースに、毎月毎月何万円、場合によってはそれ以上の固定費を負担することは、経済的にも、心理的にも高いハードルになります。そうした時に、救いの手を差し伸べているのが、発送代行業者の存在なのです。

なお、米国アマゾンを使う場合は、米国現地にあるアマゾンのＦＢＡ倉庫の利用が、eBay における発送代行業者の利用に、概ね匹敵します。ＦＢＡ倉庫については、商品サイズの大小や保管期間によって、固定費化する手数料がありますが、アマゾン自身が、迅速に発送するという信頼性もあって、強力な販売促進効果も併せ持ちます。

以上、越境ＥＣにおけるお金の扱い（決済・両替）、商品の配送手段（運送会社の利用）、そして商品の保管・出荷方法について、現行の実務で使われる手法を一部ご紹介してきました。

こうした実務慣行を知れば分かる通り、**越境ECは個人でも、副業ワーカーでも、小規模企業でもチャレンジできるシンプルで、低コストで、しかも安全性の高い（倒産しにく**

い）ビジネスなのです。

さらに、10年で10倍規模のマーケットに膨れ上がることを、多くの調査機関が予見している将来性あるビジネスです。

本書は、このような大きなビジネス・チャンスを多くの人に紹介するとともに、越境ＥＣの魅力やその実践方法をご案内するために執筆しています。

ここまでは、越境ＥＣの将来性や、個人や小規模事業者でも、そのチャンスをつかめることをお伝えしてきましたが、ここからは、なぜ越境ＥＣの将来性が大きいのかという点について、その背景を探っていきます。

経済産業省や、多くの調査機関が、越境ＥＣの将来性を高いとみて、景気の良い予測数値をはじき出していますが、その背景を理解することで、このチャンスの実態をもっと的確に理解できるようになり、その波に乗る心の準備ができるようになります。

また、世界的な越境ＥＣの拡大とは別の観点で、日本から海外に越境販売することのメリットについて解説していきます。そうすることで「日本人にとっての」越境ＥＣの魅力・将来性を理解する材料を得られるでしょう。

越境EC普及の背景

本書で紹介している経済産業省からの報告書では、越境ECの大幅な市場拡大の背景を、以下のように解説しています。

「消費者目線で捉えれば、越境ECの認知度の上昇、自国にはない商品への取得欲求、自国よりも安価に入手できるものがあること、商品やメーカーに対する信頼性等が挙げられる」

このように、越境ECの普及の背景を、認知度の向上、自国にはない商品への欲求、自国よりも安価に入手できること、などを上げています。

まず「越境ECの認知度の上昇」についてですが、特に2019年秋ころから、中国武漢発新型コロナ・ウィルスが世界的に蔓延したことを機に、世界中で多くの人が外出してのショッピングを控え、ネット（EC）で買い物をする消費文化が加速しました。

その中で、一定割合の人が、外国のショッピング・モールから買い物をする機会に触れることも自然な流れです。特に、**大手ショッピング・モールのeBayは、新型コロナ以前から世界中を販売マーケットに入れた戦略で、越境ECを広めていましたが、新型コロナ蔓延を機に、多くの新規ユーザーを獲得しました。**この点でも、越境ECについて、消費者側が認知を高めた、と報告書が分析するのは、確かにその通りでしょう。

希少価値を求めて越境ECを求める世界的な潮流

次に越境EC普及の消費者側の背景として、「自国にはない商品への取得欲求」が挙げられています。自国にない商品というものは、必然的に一定の希少価値を持ちますから、それが消費意欲を刺激することは大いにあり得ることです。日本でも一定割合の人が輸入車に魅力を感じて購入している点を見ても、納得できる理由です。

また、スニーカーなどの世界的なブランド（ナイキのエアジョーダンなどが著名）になると、各国ごとに限定モデルを発売します。この限定モデルが、コレクターたちにとっては、自国では手に入らない商品として、高い付加価値を生みます。

その他に、既に生産が終了し、新品が手に入らないビンテージ品や、コレクター品のカテゴリー（時計・楽器・カメラ・骨董など）では、**保管状態が良いものは、それ自体が希少価値を生みます。**状態の良い品物が自国内で手に入らない場合には、外国から取り寄せるなど、越境ＥＣへの強いニーズが生まれます。

特に希少価値の高い商品は、その商品を確保できれば、競合も少ないため、販売競争上の優位性を得やすい商品になります。このため、小資本で越境ＥＣに挑戦する個人や小規模事業者は、希少性の高い商品ジャンルに取り組むことも、戦略的に重要になってきます。

内外価格差を生むインフレ率の差

そして消費者側の背景３つ目は「自国より安価に取得できるものがある」という点が挙げられています。

ユニクロが中国の安い労働力を背景に、アパレルの安売りをして成長してきたことを見れば、越境取引によって、同じカテゴリーの商品でも一層安価に入手することができることは、分かり易い話です。

特に日本から欧米の先進国に輸出販売するに当たっては、少し前までの日本経済がデフレ基調で、諸外国との間で物価水準の差が生まれていたことも、思い出しておきたい点です。外国人から見れば、日本で買うと安く買えるという現象が起きてきましたし、現在もそれが続いているのです。

２０２１年以降はコロナ禍の影響や、ウクライナ戦争の影響から、世界の生産能力・供給力が伸び悩み、もの不足からインフレ基調が鮮明になりました。特にアメリカでは２０２２年６月には、消費者物価指数が前年同月比で９・１％を記録しましたし、同じ時期に、ＥＵの消費者物価指数は前年同月比８・６％でした。

それに対して、日本では日銀が２％のインフレターゲットを設定しているにもかかわらず、金融緩和を解除する水準まで、インフレ率が向上していない点を見ても、日本と海外との物価水準には、一定の開きが続いています。

経済は常に動き続けていますから、こうした価格差は、世界のどこかで常に生まれているわけです。こうして生まれ続ける内外価格差や、そこから生まれる割安感も、消費者が越境ＥＣに魅力を感じる点でしょう。

賃金水準の差が生み出す購買力の差

ところで、このような内外価格差は、越境ＥＣで売る側（つまり読者の皆さん）にとっても利益の源泉として、非常に重要なポイントです。

というのも日本で安く買って、海外で高く売れるからこそ、利益が得られるのです。内外価格差が生まれる要因としては、先述の通り物価水準の違いがありますが、別の切り口としては、賃金水準の差も、価格差を生み出す要因として考えられます。

厚生労働省が公表している「令和４年版 労働経済の分析」の「コラム１―３―①図Ｇ７各国の賃金（名目・実質）の推移」という資料によると、１９９１年を１００とした場合の日本の賃金指数は、２０２０年で１０３・１です。30年もかかって、実質的な賃金水準（インフレ率を考慮した賃金水準）はわずかに３・１％しか伸びていません。

他方で、先進7か国（Ｇ７）の２０２０年における実質賃金は、左記の通りです。

日本	１０３・１
米国	１４６・７

イギリス	144・4
カナダ	137・6
ドイツ	133・7
フランス	129・6
イタリア	96・3

この数字を見ると、日本の賃金水準の伸びが、如何に鈍いかがよく分かります。そして、賃金水準が違えば、購買力も違います。賃金水準が高く、購買力のある国から見れば、そうでない国の商品が、安く感じられるのは自然なことでしょう。

こうした背景のもとに価格差（つまり利幅であり、利益の源泉）が生まれ、**日本で安く仕入れて、海外で高く売る、という日本からの越境ECのビジネス・モデルが成り立つのです。越境ECは、日本人にとって有利なビジネス・モデルでもあるのです。**

もちろん、大きな目でみれば、賃金水準が伸び悩んでいるということは、我々日本人にとって、とても残念な現象です。本来はこうしたことが起きないよう、国民は選挙を通じて、国の指導者たちをしっかり選択すべきではありますが、現時点で必ずしも、そういった状況に至っているとは言えません。

他方で、そうしたマクロな経済環境をただ憂いて、政治批判をするだけというのも、消極的過ぎます。国レベルの大きな政策変化や、環境変化を期待して必要な種まきをしつつも、まずは個々人で自分個人の経済力、自社の経営力を磨く努力をしたいものです。

アメリカの自動車王ヘンリー・フォードは「逆風が吹いていると感じるときにこそ、思い出そう。飛行機は順風よりも、逆風の時にこそ飛び立てるのだ」という名言を残しています。

伸び悩む日本の賃金水準という逆風を逆手にとろうとするマインドがあるからこそ、越境ＥＣというチャンスが見えてくるのです。

以上は経済産業省が報告書の中で挙げた越境ＥＣ市場拡大の背景となる要因を、掘り下げて説明したものですが、この他にも越境ＥＣが、日本人にとって大きなビジネス・チャンスであることを裏付ける理由がたくさんあります。

インバウンドが、日本の越境ECをさらに拡大する！

インバウンドという言葉は、2015年に流行語大賞にノミネートされたことから、ご存知の方も多いでしょう。要は、外国人に対して、日本に観光に来てもらい、その際の消費需要を喚起するという経済振興政策のことです。その観光需要それ自体を指して使う場合もあります。

2030年に日本への外国人観光客3000万人を目標として掲げられましたが、早くも2018年には3000万人が達成されました。2020年からのコロナ禍で、いったん中断しましたが、2023年の春には、日本への観光も積極的に再開され、本書執筆時点では、再び東京都心や、日本全国の観光地で、観光する外国人がたくさん見受けられます。

このように、インバウンドで日本に来て、ネットを介さずに直接買い物をすると、越境ECとは競合関係に立つことになり、日本から輸出する越境ECには、一見ネガティブな影響があるようにも思えます。

ところが、実態はそうでもなく、むしろ越境ＥＣを後押しする影響力が、インバウンドにあるということが分かってきています。

越境ＥＣと、その支援事業を行う Beenos 株式会社（東証プライム：３３２８）が公表する越境ＥＣのアンケート調査によると、**インバウンドは、越境ＥＣと競合関係に立つよりも、むしろ相乗効果を持っていることが読み取れます。**

https://beenos.com/news-center/detail/20220826_bcr_pr/

具体的には、「訪日時のショッピングでＥＣも活用したい」と答えた人は、

アメリカ人　59・89％
台湾人　55・02％
マレーシア人　56・55％
イギリス人　59・58％

という割合です。英米がアジアよりも、少し高い割合ですが、過半数が訪日時でもＥＣを使いたいという回答結果です。

この回答結果を裏付けるかのように、実際に私自身が eBay を通じて越境販売する中で

も、

「こんど日本に行くので、その際にお宅で商品を受け取ることができますか？」とか、

「いま日本に来ているんだけど、品物を見せてもらえますか？」

という質問は、しばしば届きます。これは私の個人的な経験というだけではありません。私が運営する越境ＥＣスクールの受講生からも、見込み客から同様の質問が届き、どのように対処すべきかを、私に質問されるケースが良くあるのです。つまり、インバウンドという需要が、越境ＥＣの拡大に寄与しているということなのです。

次に、「訪日後、越境ＥＣで気に入った商品などをリピート買いしたいですか？」という質問にＹｅｓと回答した人は、左記のとおりです。

アメリカ人　91・43％
台湾人　94・15％
マレーシア人　91・78％
イギリス人　80・99％

一番少ない国で8割以上、他の3国では、そろって9割以上が、リピートしたいと回答

しています。この回答結果を見ても、インバウンドが、日本からの越境ECの拡大に寄与していることが読み取れます。

インバウンド政策は、日本政府が国策として進めていますが、その後押しもあって、越境ECには、強い追い風が吹いていると言えるでしょう。

ところで、Beenos社のアンケート結果中で、興味深い数字がもう一つあります。それは、「日本の越境ECを利用する頻度を教えてください」という質問への回答です。月に1回以上と回答した人は、

アメリカ人　57・24%、
台湾人　56・09%
マレーシア人　62・84%
イギリス人　46・48%

という割合でした。**全体では56%以上の人が、月に1回以上、日本から越境ECで買い物をしている**ということになります。

さらに、月に5回以上と回答した人も、全体で18%以上、マレーシア人に至っては25%

という数字でした。海外では、越境ECが日常生活の一部を形作る存在になっているということが感じ取れる数字です。

さて、皆さんが越境ECで、海外から品物を購入する頻度は、どの程度でしょうか？この点からも、世界が大きく動いているということ、このビッグ・ウェーブに乗り遅れてはいけないということを、感じ取れるのではないでしょうか。

イギリスのTPP加盟という追い風

2023年7月16日、日本やオーストラリアなど環太平洋経済連携協定、いわゆるTPPが、イギリスの加盟を正式に承認しました。

TPPというのは、自由貿易協定の一種で、貿易時にかかる関税をお互いに無くしたり、投資のルールを明確にして、貿易や投資を活発にする自由貿易の仕組みです。特に越境ECにおいて効果が大きいのは「関税を無くす」という点です。

私自身も従来から、eBay等を通じて越境ECを続けていますが、イギリスからの注文はしばしば入ります。アメリカやオーストラリアに次いで、主要なマーケットとなり、とても大事な売り先です。

ところが、イギリスに売るにあたっては一つ悩みがあるのです。それが関税です。イギリスを始め、欧州各国は関税が高く、購入後（商品配送時に）、お客さんは、送料とは別に、運送会社から関税等の税金を、追加支払いするように求められるのです。これにお客さんはとても驚きます。

関税は輸入国側の政府が、自国産業を保護するために課税する税金なので、特にeBayを通じて越境ＥＣを行う場合は、輸入国側の買い手が支払うのが原則です。販売時にも商品説明欄の一部で、その旨の説明は記載しているのですが、それを見逃すお客さんも一定割合存在します。それがクレームになることがしばしばあるのです。

お客さんにしてみれば、購入時に送料まで含めて支払いは終えているのに、運送会社から追加で請求を受けるので、驚くわけです。売り手が着払いにして発送していると誤解をされているのか、運送会社からの関税請求を、売り手の責任だと勘違いして、中には怒り出すイギリス人もいます。そんなときのイギリス人は、やはりバイキングの末裔だと思わせるような凄みのある激しい言葉がメッセージから伝わってきます。クレームについては、アメリカ人の方がもう少し冷静で、ビジネスライクな印象があります。

この点を、私の運営する越境ＥＣスクール受講生の中で、アメリカ滞在経験の長い方との雑談で話題に上げたときに、面白い分析を聞きしました。「アメリカ人は、クレームがある時こそ丁寧にコミュニケーションを取って、冷静に解決しようとするものなのです。そうでないと、感情的な軋轢で、いつ相手が拳銃を抜くか分からない怖さが社会にあるからです」と、教えて頂きました。このような国民性の違いに触れることができるのも、越境ＥＣの面白いところです。

話が脇道に逸れましたが、そんな中で、２０２３年７月に、イギリスのＴＰＰ加盟のニュースが出ました。これは、越境ＥＣの事業者には大きな朗報です。ＴＰＰの加盟を通じて、関税が撤廃されることで、越境ＥＣの重要なマーケットであるイギリスに対して、日本からの商品が、ますます売り易くなるからです。

ＮＨＫは２０２３年7月16日、イギリスのＴＰＰについて、後藤茂之経済再生担当大臣のコメントとして、「品目数ベースでは日本からイギリスへの輸出の関税撤廃率はほぼ１００％となった」と、報道しています。

ＥＵは域外からの製品に高い関税を設けていることから、ＥＵ内における日本製品の価格相場は、日本やアメリカと比較しても高い傾向があります。イギリスでも、ＥＵとの結びつきが強く、価格相場が高いのです。アメリカの水準と比べても、イギリスの方が商品の価格相場が高く、関税分を考慮しなければ、イギリスの方が高く売れて、利幅も大きくとれるのです。

このため、関税を支払わなくて良くなれば、イギリス人にとって割安感が生まれるので、日本製品をもっと買いたくなるでしょう。そして、**日本人にとっては、関税クレームが減って、販売数も伸ばせることになります。今まで関税によって政府に吸い取られていた価値が、販売者である日本人と、消費者であるイギリス人に還元され、マーケットが拡大するわけです。**イギリスのＴＰＰ加盟には、そのような効果があり、越境ＥＣ業界の景気を、ますます刺激する大きな要素となるでしょう。

ところで、このような関税によって、ＥＵで日本製品が割高な価格を付けられていることを見ても、世界史の授業で学んだブロック経済という言葉が、リアリティを持って感じられます。本当はヨーロッパにもっとたくさん売っていきたいのですが、それをブロックする関税という高い壁が、この時代において、今現在も目の前に存在するのを感じます。

それだけに、イギリスのＴＰＰ加盟が、実務レベルで早く有効化することを心から願います。

32年ぶりの超円安という輸出業界の神風

イギリスのＴＰＰ加盟に加えて、もう１つ、越境ＥＣにポジティブな国際情勢・経済情勢も起きました。それが、超円安です。

２０２２年10月にドル円相場は、１ドル１５０円を割り込み、32年ぶりの円安水準を記録したのです。

超円安に至るまでの経緯としては、まず、コロナ禍やウクライナ紛争を受けて、国際的な供給網（サプライチェーン）が十分に機能せず、モノ不足から世界的なインフレが加速していました。アメリカでは１９８２年以来、40年ぶりの物価高を記録しました。

そこで、インフレを抑えるために、アメリカでは、中央銀行であるＦＲＢが、金利水準を急激に引き上げましたが、その一方で、日本ではアメリカほどのインフレに至らず、日銀の黒田東彦総裁の下で、従来通り金融緩和政策が続いていました。

この日米間での金融政策の違いから、両国間で金利差が生まれますが、日本よりも米国の金利水準が高くなると、円を売って、ドルを買い、米国の金融市場で資金を運用したほうが、投資利回りが高くなります。その思惑が、円を売って、ドルを買う投機取引を拡大・加速し、急激に円安が進むことにつながったのです。これが、32年ぶりの円安をもたらした仕組みです。

そして、この円安は越境ECに大きなメリットをもたらします。これを理解するために、たとえば、為替レートが1ドル130円の時と、1ドル150円の時を比較してみます。

アメリカ企業が運営するショッピング・モールを使った越境ECでは、売買代金はドルで受け取ります。代金を支払う側（買う側）にとって同じ1ドルでも、代金を受け取る側（売る側）にとっては、130円の時より、150円という円安の時のほうが、円に両替した後の収入が、20円も大きくなります。売上が1万ドルなら、20万円も増えるということです。この差額を為替差益と言います。**ドル高円安という為替レートの変動は、為替差益を生み、越境ECにとって、強力な追い風、利益の源泉になるのです。**

これは、越境ECに限らず、通常の輸出貿易の世界でも同じことです。特に、2022年9月期の半期決算において、円安のメリットを受け、貿易を生業とする大手商社7社のうち6社が過去最高の純利益を上げています。

こうした円安の追い風・メリットを、個人や小規模企業でも享受できるというのが、越境ECの魅力でもあります。

ウクライナ紛争のような逆風が吹いても、別の面では円安のように順風が吹く。そうして逆風と順風のバランスを取りながら、10年で10倍というパイの拡大を享受できる、それが越境ECなのです。

これは、越境ECが世界を相手に商売をするビジネス・モデルだからこそできることです。世界が広いからこそ、どこかで逆風が吹いても、世界の別の場所では順風が吹いているのです。

インデックス投資など金融資産への投資をしている人なら、お気づきのことかと思いますが、**越境ECは、世界の多くの国と取引することを通じて、リスク分散がなされている**ということでもあるのです。

第2章

レトロ・ブームに乗る「売れ筋商品」を探す

データで検証！　越境ECは為替リスクもヘッジできる！

　さて、先ほども触れましたが、**円安は輸出事業・越境ECの利益を拡大します**。支払う側には同じ1ドルでも、受け取る側では、円に両替すると収入が増えるからです。

　逆に言えば、為替相場が円高になったら収入が減って、損をするのではないか？　そういう懸念を抱く方もいると思います。確かに、為替市場の方向性が逆転することはあり得ることですが、事業が成り立たなくなる、ということはありません。実際には円高でも利益は得られるのです（もちろん円安の方が、利幅が大きいのですが）。

　理由は、2つあります。以下、詳しく解説していきます。

　1つ目の理由は、在庫の回転期間（売れるまでの期間）の方が、為替レートが変動するのにかかる時間よりも短く、**円高で損をする前に、つまり利益が残っている間に、売れてしまう**ためです。もう少し具体的に説明しましょう。

　越境ECでは在庫を出品してから、売れるまでの期間は、概ね1～3か月くらいです。

この間で、売上に対しては、20～30％くらいの利益が目安になります。

ということは、為替レートの変動（円高の進展）が、3か月間で20％以内に収まっていれば、円高になってもその影響は、利幅の範囲内に収まるので、損はしないのです。証券投資風に言えば、元本割れしないということです。1か月や2か月の変動なら、さらに小さな変動率になることが多いので、3か月の変動で見ておけば、安全です。

では、為替レートが3か月という短い期間で、20％以上円高に振れたことは過去にあるでしょうか？　過去のドル円レートを調べてみましょう。

【検証前提】

検証対象となるデータは、日本銀行が公開する過去の為替レートの月別データで、1980年1月から、2023年5月までの43年5カ月間のドル円レートの月中平均値です（東京インターバンク市場　ドル円スポット、17時時点／月中平均、データコードはFM08'FXERM07を使用）。そのデータが日本銀行のウェブ・サイトでダウンロードできます。

https://www.stat-search.boj.or.jp/ssi/mtshtml/fm08_m_1.html

【検証1】

それをエクセルで開き、各月別の為替レートと、その3か月後の為替レートを比較して、変動率を調べていきます。すると、**検証対象となった43年と5か月間の中で、為替レートが3か月間に20％以上変動している月は、なんと1件もありませんでした。**

この期間の中で、3か月間の変動率として最も大きかったものは、円高で16・68％①、円安方向では、18・65％②です。円安方向の変動が大きい分には、利益が増えますのでむしろ歓迎です。

なお、①は1998年8月から11月、②は1995年6月から9月です。

以上のように、円安はもちろん、円高であっても、在庫が1回転する期間（売れるまでの期間）に、利幅としての20％を食いつぶすような為替変動は、43年間で1度も起きていないのです。

念のため各月の2か月後変動率や、1か月後の変動率を調べてみましたが、結論は変わりませんでした。

3か月後の為替変動率：円高で16・68％①、円安で18・65％②

2か月後の為替変動率：円高で16・18％③、円安で14・98％④
1か月後の為替変動率：円高で9・79％⑤、円安で8・39％⑥
なお、③：1998年8〜10月、④：1995年7〜9月、⑤：1998年9〜10月、⑥：1995年7〜8月

右のデータの通り、期間が短くなるほどに、円安、円高双方で、変動率が小さくなり、いずれも越境ECの利益率20〜30％を超える変動率はありません。

つまり、この検証が意味するものは、**越境ECの在庫回転速度が、為替レートの変動速度より早いので、円高の進行で利幅が全て削られる前に（利益が残っているうちに）売り抜けられる**、ということなのです。それはリスクが小さいということでもあります。

【検証2】

同じデータを使った、もう一つの分析を説明します。43年5か月＝521か月のそれぞれの月について、その3か月後の円安・円高への変動率を調べます。ここまでは検証1と同じです。

全期間521カ月のうち、10％を超えて円高に振れたのは、25件（月）でした。20％を

超える円高は１度もないので、10％～20％の円高に振れた件数が、５２１か月中で25か月に過ぎません。これは全体の５％弱です。つまり10％以上の円高が進行して、10％以上の利益が削られるのは、わずかに５％、つまり20か月の中で１か月にすぎないということです。利幅は20～30％あるので、円高による利益の圧迫を受けても、差し引きで、まだ収支トントンから10％程度の利幅が残り、赤字にはならないのです。越境ＥＣにおける円高のリスクというのは、その程度なのです。

ちなみに、５２１か月のうち、２５５か月が円高に振れ、２６６か月が円安に振れていました。割合としては、ほぼ半々ですが、43年５か月という長期の中で、円安に振れた月の方が、若干多いのです。

【検証３】

このデータの検証期間の中には、学校の現代史で習う１９８５年９月のプラザ合意も含まれています。

プラザ合意というのは、その後の日本のバブル発生の遠因となる世界史的な出来事です。プラザ合意の前後で、１ドル２５４・11円（１９８５年１月）から、１２３・16円（１９

88年11月）まで、超大幅な円高が進みましたが、そこまでに3年10カ月もの期間がかかっているのです。

その期間において3か月間で最大の円高すらその変動率は、14・41％（1985年9月）です。その他この期間で二桁の変動率を記録する円高は、わずかに6件だけで、以下経年順に、11・11％（85年7月）、14・05％（85年8月）、11・79％（85年12月）、12・24％（86年1月）、10・33％（87年9月）、11・17％（87年10月）です。カッコ内の年月は、3か月間の起算月です。特にこの6件の中で、最後の2件である87年の円高は、10月に起きたブラックマンデーの影響です。

そのほかの大部分の期間は、10％を下回る水準で比較的緩やかな円高進行で、一部に円安に戻す月も散見されました。

つまり、プラザ合意（やブラックマンデー）という歴史的なインパクトがある大きな円高局面が、仮にもう一度襲ってくるとしても、越境ＥＣは20～30％の利益率で吸収しながら、円高から利益への圧迫に耐えることができ（つまり利益を残しながら）、原価割れの損失を回避して、事業を継続できるということなのです。

越境ＥＣの在庫回転期間の短さと利幅が、為替リスクをヘッジする防御壁になっている

ということが、分かるのではないでしょうか。この点から、円安で収益機会が多くなる一方で、円高でも大きな損はしないという、越境ECの優れた特徴が見えてきます。

【補足説明】

ところで、先述した変動率の最も大きかった2つの事例（【検証1】の①1998年8月からの円高と②1995年6月からの円安）には、共通することがあります。それは、どちらも政府の為替介入を原因としていた点です。前者98年の円高は、アジア通貨危機に絡む円安を阻止するための為替介入、そして後者95年の円安は、円が当時で史上最高値となる1ドル79円75銭という円高を記録したことに絡む日米政府の協調介入でした。

つまり、為替介入に至る前の段階で、反対方向の値動きが進み、それをけん制するために為替介入が行われたわけです。

何を言いたいかというと、為替介入によって急激な円高に振れたとしても、その直前には、介入を招くほどに相当大きな円安が進行していたことになります。事前に円安で利幅が大きくなっていたわけですから、介入後に円高に振れても、それによって削られた利益は、事前の円安で膨らんだ利益が、円高で縮んだだけということになります。介入の前後を通して見れば、この場合の円高方向への変動率16・68％も、割り引いて評価すべきなのです。**為替介入があるほど急激な円高があっても、大抵は「行って、来い」なので、リスク（円高）は事前のリターン（円安）によって、相殺されている**ということです。

逆に、為替介入によって、急激に円安が進むこともありますが、その直前には円高が進行しているわけです。つまり、行き過ぎた円高で利益が圧迫されたとしても、為替介入を通じた円安によって、圧迫された利益を取り返す余地があるということでもあります。

これは、為替介入が行われるほど急激な為替変動であるような限られた場合の話ですが、そうでない場合（為替介入が無い場合）は、相対的に緩やかな為替変動でしょうから、在庫の回転期間における利幅で吸収しながら、売り抜けて行ける可能性が高いのです。

この点からも、越境ＥＣでは、為替レートの変動に対して、それほど恐れる必要はないということが分かります。この点は少し話が難しくなるので、最後に補足として説明しておきました。

越境ＥＣが円高にも負けない「もう一つの理由」

前節に続いて、円高でも越境ＥＣで利益が得られる理由の２つ目を説明します。前節で述べた、在庫の回転期間が早いことで円高に耐えられるというのは、短期的な視点です。もう少し**中長期的な視点に立つと、越境ＥＣにとって、円高はあまり脅威にはならない**ということが、さらに理解できます。

円高が利益を圧迫するというのは確かにその通りなのですが、それは販売市場だけを見る中で生まれる結論です。

越境ＥＣのビジネスは、仕入市場と販売市場の２つで成り立つビジネスです。両者は、日本と海外という別の場所にある市場なのです。

前節でみたように、**販売市場だけを見れば、為替変動は利益をある程度圧迫することもあるのですが、仕入市場まで視野を拡大すると、利益が圧迫されない**ということが理解できます。どういうことか？　詳しく説明します。

円高が進行すると、赤字にはならないまでも、短期的には、利益は圧迫されます。そこで仕入市場の登場です。利益は、売値と仕入れ値の差額から生まれますので、円高で売値が圧迫されたなら、次の仕入れは、もっと安い仕入れをすればよいのです。

円高で利益が圧迫されると、同業者のうち、気の早い一部の人たちは撤退していきます。撤退せずに踏みとどまる人であっても、利益が圧迫されるので、仕入れに回せる資金が減り、仕入れの量が減るのです。どちらにしても、仕入市場では需要が減って、商品を安く仕入れしやすくなります。需要が減れば、価格が下がる。これは経済の基本です。その結果、安く仕入れができるのです。

円高の圧力がかかっても、次に仕入れを行う時には、利幅が確保できるだけの、一層安い仕入れ値の品物だけを選択的に仕入れればよいのです。そのための環境は、中長期的にできてきます。このように、**為替変動は、中長期的には仕入れ値の調整で吸収できる**ため、越境ECの実務上は、「円高＝為替リスクだ」と抽象的に考えるほどには、リスクにはならないのです。

ところで、この節では短期的、中長期的という言葉を使いましたが、両者の違いは在庫の回転期間を基準に考えます。在庫が1回転する期間よりも短ければ短期、それ以上は中長期と使い分けています。

1回転以内の期間を短期とする理由は、すでに仕入れてしまった商品については、仕入れ値を変えることが、できないからです。さすがに、為替変動を理由に、後になって、仕入れ先に、値段交渉したり、返金を依頼するようなことは、ビジネスのマナーとして、できません。仕入れ値を変えられない以上、円高による利益の圧迫は多少なりとも受けることにはなります（が、先述の通り利益が全部削られるということは、まずありません。円高の進行で利益が残らないとしたら、それは、最初の仕入れの時点で売値見通しと利幅の設定を誤っているだけです）。

他方で、1回転期間を超える場合、つまり売れた後に、次の仕入れを起こすタイミングでは、円高に進んだ為替レートを前提に、仕入れ値の上限を安く設定して、改めて仕入れを行えばよいので、利幅が確保できるのです。

以上をまとめると、**過去の為替レートの変動実績を振り返りながら、短期的には在庫の回転期間が短く、利幅も20％以上になることが多いために、円高の進行に耐えることができることを説明しました。そして、中長期的にも、仕入市場側で円高圧力を逃がすことができ、利幅を確保できるため、越境ＥＣは為替リスクに対しても、耐性の高いビジネス・**

モデルだということを説明しました。これらの点から、越境ＥＣがローリスクで、ハイリターンなビジネス・モデルだという点を、ご理解いただけるのではないでしょうか。

消費税還付というもう一つの収益源

越境ＥＣを含む輸出事業については、一定の税務手続をすると、税務署から消費税還付を受けられます。輸出では、日本で消費が行われないので、輸出する商品仕入れや、輸出事業のために支払う経費に含まれる消費税が還付されるのです。

国税庁のホームページには「販売が輸出取引に当たる場合には、消費税が免除されます。これは内国消費税である消費税は、外国で消費されるものには課税しないという考え方に基づくものです」と記載があります。

https://www.nta.go.jp/taxes/shiraberu/taxanswer/shohi/6551.htm

この消費税還付も、越境ＥＣを理解するには重要な特徴です。越境ＥＣは、税制上のメリットがとても大きいのです。国民負担率の増加のうち最も大きい要因は、消費税でしょう。税率が上昇を続ける消費税ですが、そうした世相の中で、越境ＥＣの魅力を腑に落として頂けるのではないでしょうか。税金の還付と言えば、年末調整の後に戻ってくる所得税の還付があり、会社員・給与所得者なら経験のある方が多いでしょう。そして、消費税にも越境ＥＣなどの輸出事業者には、税還付があるのです。

しかし、所得税の還付と、消費税の還付には大きな違いがあります。年末調整で戻ってくる所得税還付は年に１回ですが、**消費税還付については、原則上は年に１回としつつも、手続き次第で、３か月ごとや、１か月ごとの還付も可能になります。そして、前倒しで還付される金額を、再投資することで複利の効果も高められます。**

なお、消費税還付の利用に当たっては専門家である税理士への相談をお勧めします。

ここまでは越境ＥＣの魅力を取り上げ、その成長性の高さや、個人や副業ワーカーでも取り組めること、そしてリスクが抑えられたビジネス・モデルであることを、お伝えしてきました。結果的に数字に着目した話が多くなりました。

さて次に、どんな商品が日本から売れているのかというモノに着目して、越境ＥＣを見つつ、日本から輸出ビジネスを行うことの可能性と魅力を掘り下げて見ていきます。

売れ筋商品の情報はどこにある？

越境ＥＣで売れる商品を探すときに参考になる情報は様々にありますが、ここではeBayジャパンが運営するセラーポータルというサイトの情報に基づいて、売れ筋商品の一例をご紹介していきます。

eBayセラーポータルは、eBayの販売者アカウントを取得することで、誰でも閲覧できます。コストもかかりませんので、アカウントを取得して閲覧してみると、参考になる情報は多いです。アカウントの取得方法は、本書第４章で取り上げていきます。

https://eportal.ebay.co.jp/portals

先にお伝えしましたが、eBayは、世界的に普及しているショッピング・モールで、その日本法人がイーベイ・ジャパンです。現在のeBayは、日本ではeBayブランドのショッピング・モールを運営していないのですが、eBayで越境ＥＣに取り組む日本人販売者向けに、支援事業を行っています。それを担っているのがイーベイ・ジャパンです。

eBayでは、アマゾン同様にありとあらゆる商品が取引されていますが、日本人販売者向け支援サイトのセラーポータルでは、**人気検索ワード TOP100**と題して、以下の商品カテゴリーがクローズアップされています。

バッグ&アクセサリー、ジュエリー・時計、スポーツグッズ、美容・化粧品、カメラ、楽器、車&バイク（パーツ）、家電・AV機器・PC、アニメ・グッズ、トレカ&アクションフィギュア、ビデオゲーム、レコード&CD、スポーツトレカ、メンズスニーカー、ホーム&キッチン・DIY、エンタメグッズ、以上です。

このような情報は、eBayでの販売実績をもとにセレクトされていますので、貴重なマーケティング情報となります。

人気検索ワード TOP100では、さらに踏み込んで、右に挙げたカテゴリーについて、検索されているキーワードや、購入総額の大小関係が、ランキング形式で公表されています。

さらに、四半期ごとに、カテゴリーランキングも発表されています。そうしたキーワード情報、カテゴリー情報を見ることで、売れ筋のカテゴリーや、ブランド、そして商品モデル名が見えてきます。

こうした情報に接する中で、ご自身で興味あるカテゴリーや、メーカー、ブランドがあれば、販売にチャレンジしてみるとよいでしょう。

私自身は、様々な商品カテゴリーを売る中で、特にカメラ関係が得意なジャンルなのですが、２０２３年の８月におけるカメラ・カテゴリーの一覧を見ると、面白いことが見えてきます。

掲載されているキーワードの中で、「Canon　EF」と、「Canon　FD」というキーワードがあります。ラフな説明になりますが、Canon では、ＥＦはオート・フォーカスのレンズで、ＦＤはマニュアル・フォーカスのレンズを意味する言葉です。シャッターボタンを半押しするだけで、自動的にピントが合うオート・フォーカスは、現在では当たり前の機能ですが、昔はレンズのピント・リングを手動操作、つまりマニュアルで回して、ピントを整えていたのです。

２０２３年8月時点の情報では、マニュアル時代の古いＦＤレンズ検索回数が、ＥＦよりも大きいのです。ランキングで言うと古いＦＤレンズが21位、比較的新しいＥＦレンズが27位です。これはちょっと驚きです。

キヤノンのマニュアル・フォーカス時代であるFDレンズは、そのほとんどが1970年代に発売されています。オート・フォーカスであるEFレンズのほうは、80年代以降2018年までの期間に発売されています。

比較的現代的なEFレンズよりも、50年近く前のレトロなFDレンズの方が、多くのお客さんが探しているという現象が、このランキングから見て取れるのです（なお、Canon lens というキーワードが、ランキング第4位に来ていますので、そちらの検索からオート・フォーカス・レンズが売れているという可能性はあります）。

このように古い品物が人気を集める現象は、必ずしもキヤノンのレンズや、カメラに限ったものではなく、他のカテゴリーでも見られる傾向です。

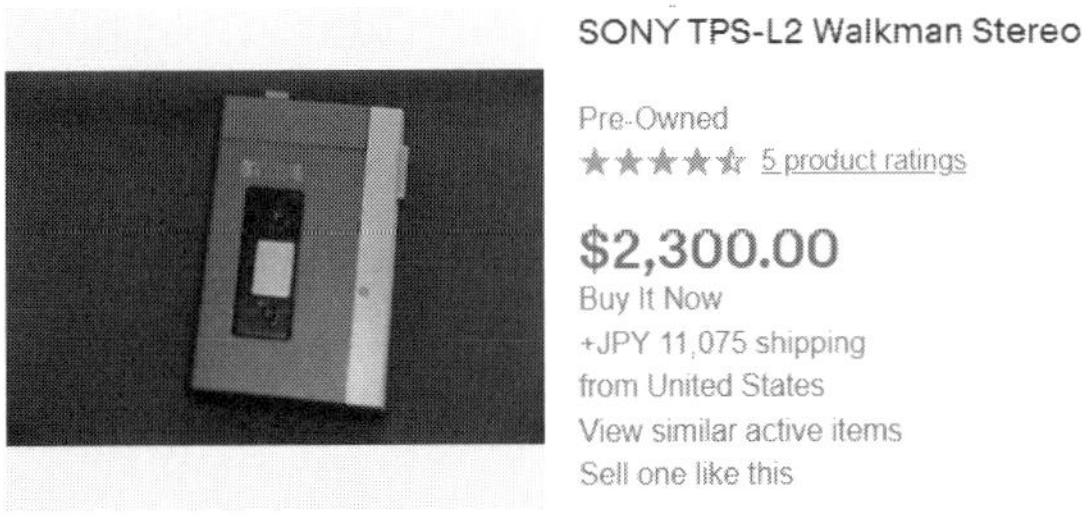

図2−1

例えば、本書執筆時点で調べたところ、eBay ではカセット時代のプレーヤーであるソニーの初代ウォークマン

（TSP-L2、１９７９年発売）が、２３００ドル（１４５円換算で約33万円）という価格で、実際に買われた記録がありました（図２‐１）。

古い時代の商品に価値を見出す人が、世界中にいて、そうした人たちが増えているから、このような価格での取引実績があるのです。

このような現象を、「**レトロ・ブーム**」と言います。

実を言うと、この初代ウォークマンは、本書から2年半年ほど前に発刊した私の前著作『ネット個人輸出の成功マニュアル』でも取り上げているのですが、そこで売値実績として記載した金額はeBayで8万円から9万円でした。それから約2年半経過した現時点で、33万円という高騰を見せているのです。

レトロ・ブームは越境ＥＣを底上げするビッグ・チャンス

日本から越境ＥＣにチャレンジするに当たっては、このレトロ・ブームを一つの切り口に商品セレクトを行っていくと、収益性や競争力を維持しながら、ビジネスを育てていきやすいです。それは時流に沿った判断でもあります。

先述した33万円強の初代ウォークマンと同じ商品が日本でいくらで売買されているか、その価格相場を調べるために、日本のメルカリで検索してみたところ、整備済みの商品で7万9800円の販売実績がありました。同じモデルの商品です。

図2−2

もし7万9800円で入手した商品を、海外に33万円で売ったとしたら、販売手数料を控除しても、利益は20万円以上になります。

これはやや極端な事例ですが、カメラや他のカテゴリーを含め、このようなレトロ系の商品には、収益性の高いものが、たくさんあるのです。

もう一つ別の商品をご紹介します。初代ウォークマンと同様に、前著P69で取り上げた週刊少年ジャンプです。1997年当時のレトロ商品で、漫画「ワンピース」が表紙を飾っています。

前著作で取り上げた時点では、2万円ほどの売値実績として記載しましたが、それから2年半ほど経過した現在、eBayでは、なんと1000ドルから1250ドルで売れています（図2-2参照）。本書執筆時点の為替レート145円で換算すれば、14万円強～18万円くらいです。こちらの方は、日本国内でも、すでに価格相場が高騰し、越境ECで価格差（利益）を得るには心もとないのですが、時間経過の中で取引価格を大きく伸ばしている点は、確認できます。ここからレトロ・ブームの力強さを感じ取って頂けるのではないでしょうか。

書籍の紙面という限られたスペースで紹介した数少ない商品の中から、これだけの高騰する商品が見つかるのです。もっと幅広く調べて行けば、こうした商品はたくさん見つかるでしょう。

もちろん、実際の越境ECでは、数年という長い時間をかけてキャピタルゲインを狙うわけではなく、もっと短期間で回転させながら、手堅い利益を重ねて行きますから、商品探しのハードルはもっと低くなります。

なお図2-1や図2-2は、eBayで実際に売れた商品の画像です。白黒の画像では読みにくいかと思いますが、価格が緑色で表示されていて、それは実際にその金額で売れたこと、つまり販売の実績値であることを示しています。逆に、売れる前の販売中の商品は、価格が黒で表示されます。

eBayでは、検索機能の一つとして、過去に実際に売れた商品の情報を調べるメニューがあります。もちろん無料です。自分が売ろうとしている商品について、売値の見通しを立てたい時に、商品の価格相場を調べることも可能です。

このようにeBayは、初心者でも越境ECに取り組みやすい環境が用意されているのです。

世界的なトレンドとしてレトロ・ブーム

レトロ・ブームは、日本を含む世界的な潮流として、取り上げられることが多くなってきました。例えば、日本経済新聞では、「日本は中古品の黄金郷『レトロ発掘旅』訪日客呼ぶレコード・カメラ・ゲーム」という見出しの記事を掲載しています（日経電子版20

23年2月18日)。

https://www.nikkei.com/article/DGKKZO68595370Y3A210C2MM0000/?type=my#QAAKAgADMA

この記事の中では、**フィルム・カメラはもちろん、70年代から80年代の楽曲を収録するレコード盤、初代プレイステーション（1994年発売）などのTVゲームを含む、レトロで人気の商品が紹介され、そうしたレトロ商品を、訪日外国人が東京や大阪の店舗で、大量に買っていく現象**を報じています。

記事内には「7割が外国人」という小見出しもあります。これは、越境ECを行うためのマーケティング情報としても重要です。「日本の店舗でリアルに買い物した訪日外国人は、帰国後も越境ECで日本の商品を買いたいと考えている」という趣旨のアンケート結果は、先にご紹介した通りです。インバウンドとの相乗効果も生まれ、レトロ・ブームは越境ECにとっても強力な追い風なのです。

さらにこの記事にある「価格は10倍以上」という小見出しも目を引きます。記事では大阪のゲーム販売店を紹介し、**「来店客の半分が外国人」、プレミアがついたゲーム・ソフトの中には「新品価格の10倍に高騰しているものもある」**と報じています。

これほど価格が高騰している点を見れば、先に挙げた30万円を超える初代ウォークマンや、18万円の少年ジャンプが、一部の商品の局地的な高騰ではなく、他の一定範囲の商品ジャンル（つまりレトロ商品）に広がる、社会的な潮流の象徴であり、レトロ・ブームの象徴として見えてきます。

大手メディアが取り上げる情報というのは、新規性や意外性、社会性など一定の条件をクリアした情報であることが一般的です。レトロ・ブームを大手メディアが取り上げるようになってきたという点は、今後の越境ＥＣビジネスの広がり、それに対する取り組みを考えるうえでも、押さえておきたいポイントです。

ところで、象徴という点からいえば、ソニーのウォークマンが世界に普及していった80年代は、日本が経済大国として力強く活躍した時期です。90年代以降は、日本は長く厳しい停滞の時代を迎えましたが、２０２０年代に入り、そのソニーが熊本に半導体の新工場を建設しようとしています。

私にはこの動きが、日本が迎える新しい時代の象徴であるように、感じられてなりません。台湾半導体大手メーカーＴＳＭＣに対して、同じく熊本に新工場の設立を誘致する動き、そして国内最先端2nm（ナノメートル）の半導体開発と量産を目指す国策会社ラピダスの設立など、半導体分野から、日本経済復活の足音が聞こえてくるようです。**80年代のような力強い日本と、メイド・イン・ジャパンを、世界が再び求め始めている**のです。

越境ECやインバウンド消費で、日本のレトロ商品に世界から熱い視線が注がれていることと、半導体分野から始まる日本の復活が、重なって見えるのは、私個人の単なるデジャビュでしょうか。

レトロ・ブームの震源地はZ世代

少し話が脱線しましたが、もう一つ報道記事を紹介したいと思います。

「レコード、米で人気沸騰」という見出しで始まる記事です。副題に「昨年の販売枚数がCD上回る　Z世代、デジタルとともに楽しむ」とあります。先ほどと同じく日経電子版の記事です（2023年3月13日）。

https://www.nikkei.com/article/DGKKZO69198600T10C23A3EAF000/?type=my#QAAKAgACMA

この記事によると、2022年米国のアナログ・レコード販売枚数が、4100万枚となり、1987年以来初めてCDの販売枚数3300万枚を上回ったというのです。

記事の中では、ニューヨーク市在住の米国人（24歳）の言葉として、「CDは商業的で安っぽい印象だが、レコードは懐かしさや、贅沢な感じがする」、「外食や旅行をするような気持ち」でレコードの音楽を楽しむという、と報道している。レトロやアナログを志向する消費者の生のコメントとして印象深い言葉です。

この点でも、**レトロ・ブームは、インバウンドでの局地的な現象ではない**、ということが見て取れます。日本国内でも「昭和レトロ」と呼ばれる現象が話題になり、SNS流行語大賞にノミネートされたり、メディアでも取り上げられるなど、世界的な広がりを感じさせます。

右の記事ではさらに、レトロ・ブームや、アナログ回帰という現象の要因について、「Z世代」の存在を指摘しています。

Z世代とは、1990年代中盤から2010年代初期までに生まれた世代を指す言葉です（右の記事に登場する24歳で米国人が、まさにZ世代です）。

IT革命のトリガーとなったウィンドウズ95が、1995年の発売ですから、生まれたときからパソコンやインターネットが普及し、さらにZ世代後半では、生まれたときからスマホが利用可能な世代です。これをデジタル・ネイティブと呼びますが、**レトロ・ブームや、アナログ回帰の要因の一つに、このZ世代や、デジタル・ネイティブの消費スタイルが挙げられているのです。**

Z世代は2020年時点で、既に世界人口の三分の一を占めると言われており、これからの世界の消費の主役として、その動向は当然、越境ECにも影響が及ぶと考えても、おかしくないでしょう。特にデジタル・ネイティブという特性上、国籍を問わず共通する特徴もあると思われます。

かつては、米国のベビーブーマーや、日本での団塊の世代、それぞれの子供の世代として、X世代や団塊ジュニアという言葉が生まれ、それぞれの時代と地域で消費文化を形成してきました。これからの時代、特にSNSや、越境ECで世界がつながる時代では、世界中にいるZ世代が消費のカギを握ってくるという点を踏まえて、越境ECへの取り組みを考えてみると、ビジネス・チャンスが見えてきます。

体験談！　Z世代が引き起こす越境ECの地殻変動

例えば、私自身がここ数年の実体験として感じていることですが、カメラやレンズを輸出している中、ここ数年で明らかに売れ筋が変わってきているのです。

以前は、玄人向け、マニア向けの商品が高値で売れやすい傾向があり、客層としてはビンテージ・コレクターで、年配の方が多い印象でした。

このような商品は、ビンテージとしての普遍的な価値から、今でもコンスタントに売れていきます。しかし、2020年ころから、入門者向けの品物の売れ行きの方が、際立って伸びてきているのです。2020年ころからということは、Z世代が大学を卒業して、社会人になり、給料をもらい始める時期と概ね一致します。これは偶然ではないでしょう。

具体的な品物としては、例えば、オリンパス・ミューというシリーズのコンパクト・カメラがあります。eBayでもたくさんの販売実績が確認できます。もちろんレトロ・ブームを反映してフィルム・カメラです。

このモデルがあることは、私も前から認知していたのですが、以前は価格帯が低く、売値と仕入れ値との差額（つまり利益）が取りにくいため、ビジネスとして扱いにくい商品でした。

ところがここ数年で、購入者（需要）が極端に増えた結果、越境ＥＣでの価格相場も上昇し、商売として成り立つようになってきたのです。このような入門レベルの商品は、コンパクト・カメラに限らず、一眼レフなど、他にもたくさんありますが、その多くで価格相場が上昇しています。これは、新しい市場であり、ビジネス・チャンスが、広がりつつあるということです。

ここに紹介したようなマーケットの変化の中に、Ｚ世代の影が見え隠れしていることが、私自身、実体験から感じ取れるのです。

なお、レトロ・ブームの一つの要因がＺ世代の存在にあるとするなら、それは一過性のブームではなく、10年単位のトレンドであり、それを短期的で一過性の「ブーム」として見ると、その本質を見誤りかねません。デジタル・ネイティブな世代は、その後にも続いていくからです。**レトロ回帰は、中長期的な潮流**とみて、そのチャンスをしっかり捉えていきたいものです。

また、レトロな商品の輸出販売を通じて、Ｚ世代という、年代と地域を超えた人たちと交流し、自分の感性を磨き続けることができるというところも、お金だけに留まらない越境ＥＣの魅力です。

まずは、越境ＥＣを実体験してみよう

以上、商品選びの観点から、越境ＥＣへの取り組み方の一つの切り口として、レトロ・ブームや、Ｚ世代という着眼点を取り上げてきました。しかし、これは越境ＥＣの魅力・可能性を分かり易く伝える趣旨で取り上げた、一つの見方に過ぎません。新製品の中にもチャンスはいくらでもあり、「越境ＥＣ＝レトロ商品」と狭く考えてしまうと、越境ＥＣの可能性を過少評価することにつながりかねません。

何を言いたいかというと、まずは実践を始めてみてほしい、ということです。ビジネスは理屈だけではないのです。成功確率を高めるために、大局的な視座や、その基礎となる理屈は重要ですが、それ以上にまずは実践が大事です。

私自身、ここまででたくさんのことを伝えてきましたが、それらは、日々の生活実感、人生経験、越境ＥＣの実務経験など、具体的な実践の中から感じ取ってきたことでもあり

ます。

実践することで、その手応えが得られます。その手応えから、次に何をなすべきかという指針が得られます。それが厳しい現実を乗り越えて、未来を切り開く力、経済力になるのです。

そこで読者の皆様には、本書や前著をヒントにしながら、まずは越境ＥＣの実践を始め、実体験をしてみてほしいと思います。

越境ＥＣのスキルは、一度身につけてしまえば、一生モノです。リスキリングとか、リカレント教育という言葉が、よく聞かれるようになってきましたが、**越境ＥＣこそリスキリングであり、リカレント教育として、最高の舞台なのです。**

第3章

アマゾンとeBayどちらが使いやすい？

本章前半では少し趣を変え、eBay輸出の実践者たちの実体験を紹介・解説します。今回登場頂く実践者4人のうち3人はアマゾン（米国または日本）での販売経験者です。アマゾンを経験したうえで、なぜeBayに取り組もうとするのか。その点からeBayの特徴・魅力について、理解を深めていきます。

また、2人目に登場するNさんや、4人目のEさんは、安定して取り組める副業・起業案件に出会うまで、紆余曲折の期間が長くありました。eBayで成功している人たちが、どのような変遷を経て現在に至っているかを垣間見ることで、読者の皆さんにも、前進する勇気も湧いてくることでしょう。

体験談1　第2の人生はeBay輸出で！米国アマゾンから乗り換えて

最初にご紹介するのは、福岡在住のOさんです。Oさんは、定年退職後に、米国アマゾンに日本の商品を出品して、6年ほど輸出ビジネスに取り組んでいました。アマゾンならではの販売力もあり、売上も大きく伸びたのですが、同時に行き詰まりも感じられていたそうです。

その行き詰まりとは、販売規制の厳しさです。従来は比較的自由に商品を出品し、売り方においても、工夫や差別化をしながら業績を拡大できたのですが、アマゾンの市場シェアが広がるにつれて、徐々に規制が厳しくなっていったのです。

せっかく売れる商品を見つけ出しても、規制によって販売ができなくなり、既存商品の売り方に工夫しても、アマゾンから制限を受ける。そして、競争も厳しくて利幅も少ない。そのようなアマゾン輸出の環境変化を受けて、これ以上「拡大していくのは、もうちょっといいかなと……」という結論に至ったとのことです。

Oさんが、次のビジネスを模索する中で求めたことは、永続的に売り続けられる「主力になる商品」「柱になる商品が持てること」、「ノウハウの差別化ができること」「どこにいてもできるネット・ビジネスであること」という要件でした。その結果、出会ったのがeBayだったのです。

eBay輸出への取り組み開始から2年ほど経過した時点での業績推移は、次の通りだったようです。

・はじめの3か月目までは準備期間で、出品しても売れない
・最初に売れた月は売上20万円で、利益5万円

・その3か月後には、50万円の売上で、利益は15万円
・最初のハイシーズン（毎年11月から翌年1月にかけてのEC業界の繁忙期）では、売上200万円で、利益50万円
・ハイシーズン後は、毎月150万円以上の売上で、利益は40万円前後

以上が、取り組み開始から2年の経過ですが、さらにその後の経過については、年率20%増の増収で推移している、という連絡を頂いています。

Oさんのケースは、順調に業績を伸ばした典型的な成功事例ですが、その過程では戸惑う場面も様々にあったようで、それを一つ一つ乗り越えながらの成功談です。

その戸惑いとは、例えば、取り扱う商品の価格帯です。

Oさんは、アマゾン輸出では家庭用品、おもちゃ、工具など、比較的低単価な品物（1個数百円から高くても2万円くらい）を扱っていたのですが、eBayでは主力商品として、ビンテージ・カメラに取り組まれました。取り扱う単価も上がり、「初めて5万円のレンズを仕入れるときは、最初は汗をかきました」と語ってくれています。

このように、取り扱う商品の価格帯は、実践者のメンタルに大きく影響し、人によって

は立ち止まってしまうでしょう。この点をOさんはどう乗り越えたのか？　ご本人に質問しました。

「しっかり売れることを実感し始めたら、価値観は変わってまいりまして……。若干の不安はありましたけれど、ビジネスをしていくんだと思えば、結局は何に投資していくかという問題です。きちんと結果が出ているので、『間違いないな』と思いながら頑張りました」と答えてくださいました。

このコメントで重要なところは、「きちんと結果は出ている」という部分です。多少の戸惑いは感じつつも、まずはそれを実行してみる勇気をOさんは持っていたのです。最初に一歩踏み出す勇気があったことで、手ごたえを感じ、徐々に弾みが生じていったわけです。

このように、ビジネスの実践過程では、特に初心者にとって、勇気が試される場面と遭遇します。こうした時に、致命傷にならない程度に、まずは一歩前に出てみる。そうすることで、「案外いけるかも!?」という新鮮な体験をすることは多いです。

越境ＥＣは、商品を海外販売する在庫ビジネスですが、「在庫＝売れ残り」というイメージを持つ人もいるかもしれません。しかし、それは極端なイメージです。中には長期在庫になって、しばらくの期間売れずに残るモノもあるかもしれませんが、それは全体の中のごく一部です。全部ではありません。

在庫の大多数は、大きな利回りを伴って、一定期間に現金として回収できる投資対象であり、資産なのです。もちろん、在庫の仕入れにおいては、品質や仕入値の妥当性など、チェックするポイントはありますが、そうした点をクリアして仕入れた商品は、高利回りの資産となります。Oさんの先のコメントは、この点を実体験として語ってくれています。

その他、Oさんは、米国アマゾンとeBayの差として、「客層の違い」を挙げられ、eBayでは「知的な方とか、受け答えの丁寧な方が多くて」という体験談を頂きました。これは、eBayとアマゾンとの全体を貫く違いというよりは、取り扱う商品の価格帯の違いからくる客層の違い、という面もあります。

また、「半分のんびり、趣味を兼ねてやりたい」というコメントも頂きました。この点は、eBayの特徴をうまく活用できているところですが、これは利幅の大きさから来る作業効率の高さによるものです。外注業者を使えばもっと拡大できるところを、Oさんは敢えてそうせずに、一人でeBayに取り組まれています。

Oさんの体験を振り返ると、米国アマゾンでの体験（環境変化）を踏まえてのeBayへの軌道修正があり、さらに価格帯の違いからくる戸惑いを乗り越えた過程もありました。これらの実践過程は、Oさんのメンタル面での柔軟性だけでなく、PDCAを回す実力も感じさせます。

これは、会社員として過ごされた日々を通して鍛え上げた実力が、第2の人生の仕事に活きている、と感じられるところです。現役の会社員の方々にとっても、勇気が湧いてくる話だったのではないでしょうか。

体験談2　給与体系の変更がきっかけでeBayに

次は、Nさんです。Nさんは医療機関で働くアラフォー世代の会社員ですが、副業や起業のきっかけを10年以上に渡り模索した結果として、eBayにたどり着きました。

この間、アフィリエイト、動画編集、仮想通貨投資など、様々な分野にチャレンジしてこられたようですが、どれも満足いく結果に至らず、時間だけが経過する中で焦る心も生じてきたとのことです。

勤務先の仕事の方は充実し、業務上必要なスキル習得のため、大学院にも通っていましたが、30代半ばのある日、会社の給与体系の変更が告知されると、なんと生涯年収が３０００万円もダウンすることが分かります。そこで腹を固めたNさんは、eBayへのチャレンジを決断します。過去に挑戦し、期待通りいかなかった体験から学んだことは、ビジネスにおける「再現性」の大切さでした。

Nさんは、「『商品が稼いでくれる』というところにビジネスの再現性を感じ、物販に最終的にたどり着いた」と語ってくれました。モノを販売するビジネスは、実践者の個性よりモノの信用で売れていく面が大きく、その点から再現性が高いと判断したということです。

また、仮想通貨投資の経験から、「USドルなど強い通貨で稼げるビジネスがいいという思いがあり、輸出というテーマが刺さりました」と、eBayを選んだ理由を述べています。

副業での取り組みということもあり、「今の売上は月に１００万円くらいですね。消費税還付を含めて、利益率は20％から25％くらいという感じ」「仕入れに失敗した商品については、数％の利益に落ち込んでしまうこともある」とのこと。

この点、「回収可能性とか、換金性の高さは感じています」と、失敗した時でも損はしていない点に自信をにじませているところが、印象的でした。

このほか、Nさんの場合、家族との関係もテーマに上がりました。eBayを始めた当初、奥様の反応は、控えめな時で「え？　何それ？」という冷たいもの。厳しい時は「バッシング」という感じで、副業に取り組むことの難しさを教えてくれました。

こうした逆風の中で、Nさんは1年ほど頑張り続けたところ、徐々に奥様の反応にも変化が生じ、「今では梱包とか、出荷を手伝ってくれるようになってきた」と、ほっとした笑顔を見せてくれました。虚仮（こけ）の一念岩をも通す、という仏教の言葉もありますが、粘り強く持続して取り組むことが、道を拓いた成功事例でしょう。

「仕事から帰ってから部屋にこもって、本当にガツガツやりました。やがて、自宅からDHLの黄色いパックを出荷する数が増えてきて、『あ、この人は本当にビジネスとして真剣にやっているんだ』ということが伝わったと思うんですよ」と、振り返る笑顔は、達成感と自信に輝いていました。

この間で、奥様からは商品の仕入れについて不安の声もあったといいます。「え？　●

万円？　そんな高いモノを買っているの？」という奥様の反応に、Nさんは現在も戸惑いを感じます。

投資と消費の金銭感覚の違いが伝わるようになるまで、もうしばらく時間が必要かもしれませんが、Nさんは希望を胸にこう語ります。

「eBayは最高のリスク・ヘッジですね。最近の円安やインフレの中、普通は生活費を圧迫する状況で、eBay輸出に取り組めば、逆に収入が伸びるわけです。また先々、円高にでもなれば、逆にeBayで輸入して、日本で売れば儲かるでしょう。一つでも商品ジャンルを自分のものにすれば、経済環境が今と変わっても、柔軟に対応でき、収入を得ていく道が生まれるのが、eBayで越境ECをやってみてわかったことです。希望しかないですね。結局、安定資産を持っているというイメージです」

Nさんからのメッセージで、私が着目するところは、起業を志してから、eBayを始めるまで10年以上の試行錯誤があったという点です。それは長い道のりではありましたが、数あるネット・ビジネスの一長一短を、実体験として理解した結果として、eBayに落ち着いたのは、注目したいところです。

何があっても起業・副業を諦めない持続力が、成功のポイントでしょう。独立を志しながらも、会社員として誠実に仕事を続ける堅実さも、本人の実力を形成します。当初反対していた家族からの理解と信用、そして協力を勝ち得るまでのプロセスの中にも、Nさんの堅実さから生まれる実力が現れています。

Oさんの場合と同様に、会社員としてしっかり働いている方が、副業や起業でも力を発揮している点も、注目したいところです。

体験談3　中国ロック・ダウンでリスク認識！ eBay輸出に活路を見出す

次は、Sさんの体験談です。Sさんは2019年、中国製品を輸入して日本のアマゾンで国内販売する事業を、副業で始めました。その後、2020年秋には、当時勤務していた会社を退社・独立されています。

現在は、日本のアマゾンを使った中国輸入ビジネスを基礎としつつも、eBayでの輸出事業を2本目の柱に育てるべく、日々取り組まれています。

なぜ、日本のアマゾン販売で独立できるほど成功しながら、あえてその逆方向となる輸出ビジネスのeBayまで手を広げようとしたのか？

その理由としてSさんは、「為替、消費税還付、リスク・ヘッジ」の3点を挙げ、最終的に「中国のロック・ダウン」が契機となって、eBay輸出に取り組む決断を下したとのことです。

1つ目の為替については、円安の進展で中国製品の仕入れ値が上がったことで、それまでの輸入ビジネスの利益が圧迫されたということです。同じ円安の時に、輸出では逆に売上と利益が伸びるのです。円安の進展がきっかけになったという点は、Sさんに限らず、日本のアマゾン経験者がeBayにチャレンジする際によくみられるものです。そして、ここ数年増加傾向が続いています。

2つ目の消費税還付については、輸入と輸出を比べたときの大きな違いとして現れます。輸出では消費税還付があり、輸入では逆に納税になる。これが消費税です。輸入ビジネスをしている人から見ると、消費税還付は、輸出のメリットとして、際立ったポイントでしょう。

そして、3つ目のリスク・ヘッジですが、これはSさんの言葉を紹介します。

「今やっているアマゾンを踏まえての話なんですが、全てを逆でやりたかったんです」とのこと。

リスク・ヘッジをするなら、今とは違うことや、逆のことをしてリスクを分散させるのが、理にかなっています。この点、輸出と輸入はまったく逆の方向性です。円安・円高それぞれで、利益の増減も逆に向かいます。

このほか、輸出と輸入では、仕入先も違ってきます。Sさんが従来から取り組む品物は、中国から仕入れますが、eBay輸出では日本国内での仕入れになります。中国が新型コロナの蔓延でロック・ダウンを敷いた時に、Sさんの仕入れは不安定となり、販売する品物がスムーズに入手できなくなったのです。この点では、輸出ビジネスなら日本国内を仕入先にすることで、仕入れの点から来る中国リスクに対処できます。

仕入先だけでなく、仕入れる商品の価格帯も、中国仕入れ（＝日本へ輸入）と、日本仕入れ（＝海外輸出）では変わってきます。

中国仕入れで日本に輸入する場合は、低単価で安さを訴求する商品を扱いますが、日本で仕入れて海外に輸出する場合には、比較的高単価で、利幅の大きいものを選んで取り組みます。この点でも、単価が高いか、低いかという逆の方向性が生まれます。

販売先も、内か外かで、やはり逆方向です。輸入の場合は日本国内が販売先ですが、eBay輸出の場合は米国を主力としつつも、他の欧米圏を含む、海外・世界中が対象マーケットになります。販売先の面でも、輸出はリスクの分散が図られています。

為替や消費税還付について、Ｓさんは以前から知ってはいましたが、最終的には中国でのロック・ダウンによる仕入れリスクが顕在化したことが、輸出ビジネスに目を向ける決定打になったわけです。

実際に商品の仕入れが滞って深刻な状況になったのは、わずかに1か月くらいの限られた期間だったのですが、先が見えない中での1か月は、当事者には、とても長く感じる、つらい時間だったでしょう。

この点を振り返ってＳさんは、「もう、品物は来ないんじゃないかって……。もう、このビジネスは駄目なんじゃないか、と思い詰めるぐらい、ハラハラしていました」と語ってくれました。

以上のようにＳさんは、ビジネスとしての合理的な判断として、輸出への取り組みを決断されたわけですが、輸出ビジネスを志した理由はほかにもありました。それは、商品の品質です。

中国製の商品は、日本の１００円ショップで売っているような、品質の良いものもある一方で、輸入してみると、新品であっても品質に問題のあるケースが散見され、Sさんはそこに悩んでいました。

「気にしない人は、全然気にせずに売ってしまうんですけれど、僕は気になるんですよ。自分が粗悪に感じるものを、人に提供するのは心苦しいんです」と、心情を吐露してくれました。

この点、輸出ビジネスでは、主に日本製の商品を扱います。何といっても、Made in Japan は安心です。世界的にも、その品質の高さは知れ渡っています。この点について、輸出を始めてからの気持ちの変化を、Sさんに質問しました。

その答えは、「ストレスは全然ないですね。最近は、とくに自信を持って売れるようになってきました。特に、ビンテージな品物は、そのジャンルが好きな人にとっては、すごく貴重なわけじゃないですか。その意味では、自信を持っていいのかな」とのこと。輸入ビジネスで感じていた悩みを、輸出で解決できたことを述べています。

Sさんのメッセージを振り返ると、中国のロック・ダウンによる仕入れの危機の話題が、特に印象的でした。中国のロック・ダウンは、当時、日本の報道でも取り上げられましたが、それが個人レベルの事業にも大きな影響があったという点で、リアルな迫力が伝わってきます。

しかし、ここで実践者がくみ取るべきは、もう少し深いところにあります。それは、本当に厳しかったのは1か月くらいだった、という点です。

ビジネスをしていると、波風は必ず生じます。そうした時に、短気を起こして放り出さず、踏みとどまれる胆力、もしくは柔軟性があるかどうかが重要です。それはビジネスが永続するかどうかの分岐点となります。

Sさんが指摘されている通り、本当に苦しい時期というのは、比較的短い期間で流れ去って行きます。その短い期間の中では、先が見えず、闇が永遠に続くかのように錯覚し、だれでも不安になる。しかし、そんなときにも、**悲観しすぎずに、ショックを受け流しながら、とりあえず今日1日を続けてみる。そんな柔軟さが大切**だということが、次のSさんの一言に凝縮されています。

「何事もそうですが、途中でやめないことですね。苦しくなったら、休めばいいんです。はじめの頃は、思うように成果が出ない時期もあるかもしれませんが、そんなときは1、2か月休めばいいんです。気持ちに余裕ができたら再開する。自分にとって、無理のないペースで続ければいいんです。そうやって柔軟な気持ちで諦めずに続ける。決してやめないことです」

これは副業・起業を問わず、そして、ビジネスの内容を問わず、成功する上で大事なことでしょう。

他方で、中国ビジネスをどう考えるかは、中長期的には別の視点も必要です。Sさんが、中国輸入ビジネスを続けながらも、eBay に取り組んでいる点は、そのバランス感覚の現れです。

短期的視点での「精神的柔軟性」と、中長期視点での「リスク認識と合理的な判断」。この2つのバランス感覚を、Sさんの体験から感じ取れるのではないでしょうか。

体験談4　eBayで利益率33％、1個で7・7万円の利益を稼ぐ！

次に紹介するのは、Eさんです。大手精密機器メーカーから独立し、現在は、ウェブ・マーケティングやSEO（検索エンジン対策）の専門家です。心理カウンセラーのジャンルでは地域No・1のクライアントを持つなど、大成功されています。

このほかに、日本のアマゾン販売でも、独立できる水準の月商を達成しています。それだけで十分、個人レベルの起業家としては成功しているのですが、そこで立ち止まらずに、さらにeBayでの越境ECまで戦線を拡大中です。

Eさんの拡張意欲はどこから生まれるのか、なぜeBayに挑戦を続けるのか、探っていきます。

2人目に登場したNさんがそうであったように、Eさんも様々なビジネスにチャレンジするも、なかなか期待通りの成果が得られなかった期間を何年も過ごしました。

その間、PPCアフィリエイトや、メルマガ、フェイスブック広告や、アドセンス広告を使った事業に挑戦しますが、満足する成果に至りません。

Eさんは、「もっと楽なものがないかと思って、あれこれ手を広げていたんですけれど、アカウント停止になって、安定しないんです。いっとき稼げるだけ、というモノばかりで、全然ダメ」と過去を振り返ります。

そうした苦い経験の末にたどり着いたのが、SEOと物販（EC）でした。

「今のSEOは、まっとうなことをやって、検索結果に上位表示させるので、裏技など当然ありません。同様に物販も裏技はなく、まっとうにやっていくしかない。最終的にそこに落ちついたんです」と、ビジネスにおける積み重ねの重要さを強調します。

虚業に辟易する中で、実業の堅実さに、思いが至ったということです。

そのような経緯で、まずはSさんと同様に中国から輸入した商品を日本のアマゾンで販売するビジネスに着手し、月商５００万円以上の売上を達成します。

その過程では、業績のアップ・ダウンを感じつつ、円安時の業績低迷に気づきます。そこで、輸出ビジネスに舵を切りました。これがEさんがeBayを始めたきっかけです。

eBayを始めて1年ほど経過した時に、顧問税理士からEさんに連絡が入ります。「輸出ビジネスの業績がメチャクチャいいですね。利益率33％くらい」という報告です。単独の商品で、売上高利益率が33％というのは、散見されますが、一定の期間を通して（諸経費控除後の）利益率が33％というのはかなり良い数字です。

Eさんはあえて高めに販売することで、利益率を上げているのです。その点について、Eさんは「安さで勝負したい人は、それでいいと思いますが、自分は丁寧な売り方で勝負したいタイプなので」とのこと。Eさんは、あえて安売りをしない、価格競争とは距離を置くというポリシーでeBayに取り組まれています。これは、eBayでビジネスをやるには重要なポイントです。

またEさんの特徴は、高単価な商品に積極果敢に取り組んでいくところです。1個で7・7万円の利益が得られた事例があるそうです。この商品は、仕入れ値も17万円で、初心者には心理的にチャレンジしにくい価格帯かもしれませんが、Eさんはあえてそこに切り込んでいきました。その意図を次のように語ります。

「単価10万円、20万円という仕入れができるようになってきたら、そちらの方が手間が少なくなります。また、仕入単価を上げていくのは、その人のレベルに合わせてできますし。そして高価なものを売るには、丁寧な売り方が必要なんですけれど、値段を高くしても、いいものならば買うお客さんがいることはたしかです。お金がある人は、いいものを買いたいんですよ。そういう人に喜んでもらえるような演出はしています」

このように、これまでのビジネスでの経験をもとに、積極的で、チャレンジングな取り組みをされています。

Eさんの話から感じることは、2人目に登場したNさんとの共通点です。越境ECや物販にたどり着く前に、情報系のビジネスをやる中で違和感を抱いている点が、共通しています。

その結果、たどりついたところが**「裏技などないです。積み重ねです」「まっとうにやっていくしかない」**という気づき、もっと言えば悟りです。

そこに至る過程で「もっと楽なものがないかと思って」と、動機まで語ってくれましたが、あれこれと探し回ってノウハウ・コレクターになってしまう背景にも、注目したいところです。

楽なものを探そうとすると、それが「心の隙」を作ります。それが、扇動的な広告に飛びついてしまう脇の甘さにつながるのです。楽なもの、カンタンなものに飛びつく人間の甘さや弱さを戒めるポイントを示して頂きました。

次に、値付けについてです。あえて高い値付けをして、利益率の高いビジネスを構築されていますが、ここは重要なポイントです。eBayは価格競争のマーケットではないのです。売れないと、値段を下げていく人が多いのですが、値段以外の競争要因があるという着眼点は、大事なポイントです。Eさんはそれを「演出」という言葉で、婉曲に語っていました。

そこは企業秘密ということで、お許し願いたいのですが、「演出」以外の点で、著者の私から、読者の皆さんにお伝えできるところとしては、ＳＥＯです。
eBay では、ＳＥＯが上手にできている人は、値段が多少高くても売れるのです。この場合のＳＥＯは、eBay 特有のＳＥＯなので、Ｅさんが専門とされる Google のＳＥＯとはまた別のものになりますが、安易な値下げで利益を犠牲にした売り方に陥ることを戒めるポイントとして、受け止めていきたいところです。

また、取り組む商品の価格帯として、10万円を超えるものを強調されていましたが、それは、実践者各々の資金量に合わせて、価格帯の高い所から、下は数千円程度まで、柔軟に選択が可能です。Ｅさんは、他のビジネスで大きな成功をしていますが、相応に多忙な方ですので、限られた時間の中で、投資効率を高めるために、高単価な商品の効率の良さを指摘したのです。

もう一つ注目が必要なところは、３人目のＳさんとの共通点です。それは、アマゾン販売の厳しさをよくよく理解しながらも、それでもアマゾンでの販売を止めるとは言っていないという点です。

eBay にせよ、アマゾンにせよ、世界中に無数にある他のマーケットにせよ、どれを選んでも、それぞれに長所と短所はあるのです。個性あるそれぞれのマーケットに何を求めるか、という主観的な嗜好で、個々人の選択は変わるでしょう。

また、リスク分散という合理的な経営判断として、選択と集中のバランスをどう取るかという観点でも、どのマーケットを取捨選択し、組み合わせるかも変わってくるでしょう。

本書は、越境ＥＣの魅力と、その入り口としてのeBayを推奨して取り上げていますが、その先の展開も考えながら、あくまでeBayは入り口であり、ビジネス・チャンスは、国内販売も含めて、世界中に果てしなく広がっている点には、留意頂きたいと思います。

越境EC対決　eBay VS 米国アマゾン

４人の体験談・対談を通じて、eBay・アマゾンそれぞれの可能性が見えてきますが、その可能性を活かすには、両者のマーケットとしての違いを、よくよく認識し、取り組み方を検討していく必要があります。

マーケットとしての特徴の違いが、売れ筋商品の違いや、取り組み方の違いとして、販売実践者の運営スタイル、その先にあるライフ・スタイルに大きな影響をもたらすのです。

そこで、ここではeBayとアマゾンの比較を通して、どんな商品を売って行くか、マーケットをどう使い分けていくか、という判断に役立つ着眼点を解説していきます。

◆出品できる商品の違い

まず、Oさんの対談の冒頭で取り上げられていた通り、出品できる品物の規制が違いとして挙げられます。これは、特に新品の製品を売る時に、問題となることが多いのですが、特定のカテゴリーや、主要なメーカーの商品を売る際には、アマゾンでは審査を受ける仕組みになっていて、その審査を突破しないと商品を陳列できないのです。

eBayでも、新品を売る際には、出品規制があるのですが、アマゾンほど積極的で厳格な規制にはなっておらず、比較的出品がしやすい面があります。また、eBayでは欧州宛てに販売する場合には、米国宛ての商品よりも、厳しい出品規制を受ける場合があります（関税ではありませんが、こういうところにも、ブロック経済の存在が姿を現します）。

この場合、eBayでは、欧州を発送除外国とすることにより、商品ごとに特定の地域に対して選択的に販売しない設定が可能であるため、出品自体ができないということはありません。また、欧州販売時に規制を受ける商品であっても、それが中古品の場合は、実務上では規制を受けないことが多いです。

◆ＦＢＡ出荷

米国アマゾンで販売する場合、ＦＢＡという倉庫にいったん納品し、売れた時点でアマゾンが出荷を行う仕組みがあります。日本のアマゾンでもそうですが、この方法では、注文してから品物が到着するまでの日数も短く、顧客満足も高いため、販売上の競争力が格段に高まります。このため、日本から米国アマゾンに出品する販売者の多くは、ＦＢＡを利用しています。その方が多少高くても売れるからです。

また、販売者にとっては、競争力の確保だけでなく、ＦＢＡの利用によって、小口発送から解放されるため、運営の作業効率を高めるためにも、便利な仕組みとなっています。ＦＢＡは、アマゾンで販売する場合の大きな特徴です。

他方で、eBayにも、ＦＢＡに近い仕組みはあるのですが、アマゾンほど普及していません。そのため、日本人がeBayで販売する場合には、自ら小口発送するか、国内に存在する発送代行会社を利用するか、どちらかになります。どちらの場合でも、ＤＨＬやＦｅｄＥｘを利用することで、発送の迅速さという点では、お客さんから好評を頂くことが多くあります。「アメリカ国内で買うよりも、eBayで日本に注文したほうが早く到着した」という評価コメントを頂くことは、頻繁にあります。

◆関税をだれが負担するか

アマゾンとeBayでは、関税の扱いが変わってきます。関税は、輸入者が支払うことが一般的ですが、米国のＦＢＡに納入する時点では、お客さんが購入を決定しているわけではありませんし、ＦＢＡ運営側のアマゾンも輸入者として関税を払ってくれるというわけでもありません。その結果、本来輸入者が支払うはずの関税を、日本人販売者が負担することになるのです。通常はＦＢＡに送付する際に運送会社から関税元払いという形で請求を受けることになります（それは販売価格に転嫁して回収せざるを得ません）。

それに対してeBayでは、関税は輸入者側の負担という原則が、貫かれています。eBayでは関税に関してお客さんから苦情を受けても、販売者が保護される方針が取られているのです。

◆返品と、そのコスト

アマゾンで、ＦＢＡを利用する場合に問題になるのは、返品をどう処理するかという点です。商品が気に入らない場合、お客さんは返品しますが、それはアメリカ国内にあるＦＢＡ倉庫に戻されます。ＦＢＡに戻された商品で、再販売もできない状態なら、販売者のもとに返送されるか、破棄するかを選択することになります。

ここで返送を選ぶには、一旦アメリカ国内で返送品を受け取って、日本に転送（またはFBAに再納品）してくれる転送業者が必要になります。米国アマゾン自体は、国際発送までして、直接日本まで返送してくれないのです。そのため、転送業者を事前に用意しておく必要があり、そこに手数料という販売者側の負担が発生します。

それに対して、eBayにおける返品は、お客さんから、日本人販売者のところに直送されることが一般的です。そのため、米国内、その他お客さんの所在国において、返送品の受け取りを目的とした転送業者を立てる必要がありません。

返品を誰が受け取るかという経路の問題以外にも、もっと本質的な問題があります。それは、返品時に商品が壊れていないかどうか、という点です。

アマゾンでは、お客さんは、FBAに商品を返送すれば、返金を受けられます。ということは、日本人販売者は、返送された商品が、どういう状態かを十分に吟味することなく、返金することになるわけです。

これに対してeBayでは、返送された商品の状態を吟味して、お客さん側に商品を壊した責任があると客観的に認められれば、返金額を減額することが規約上も、システム上も可能です。

特にアメリカのアマゾンについては、返品率がどの程度かをよくよく吟味して、その取り組みを検討することが大事です。また、私の周囲でも、アマゾンでの輸出については、システムを駆使して、売ろうとしている商品の返品率がどの程度になるか、自分や同業者のデータベースから、事前に調査・識別してから、出品を決断するという高度な仕組みを使っている人もいます。人によっては、こうしたシステムの利用料もかかってくるわけです。

米国アマゾンに輸出する商品は低単価な品物になりがち

◆商品の価格帯

以上のように、返品処理は後ろ向きな仕事であることに加え、そのコストも軽視できないため、それに対して如何にリスク・ヘッジするかがポイントとなります。

この点から、米国アマゾンに輸出する商品は、比較的低単価な価格帯の品物になってくるのです。低単価な品物であれば、廃棄しても、損失は限定的ですし、仮に販売・返品過程で破損してしまっても、その損失は正常販売品の利益でカバーできるでしょう。

低単価な商品は、一般的に利益額が小さいのですが、利益率は高い傾向があります。そうした商品を事前の詳細なリサーチで選択することで、返品リスクに備えるわけです。

eBayとアマゾンを比較すれば、アマゾンの方が販売力が強いことは周知の事実です。そのため、アマゾンは比較的、薄利多売な売り方をすることになり、それに対してeBayでは販売数は少なくても、1つ1つの大きな利幅で稼ぐ戦略展開になるのです。対談におけるEさんの例が、特徴的です。

また、薄利多売ということは、その分手間も多くかかります。FBAに商品を納品するときには、1つ1つにバーコードラベルを貼っていくわけです。そこに生じる手間も考える必要があります。もちろん、こういう作業は外注化も可能ですが、やはり、そこでも手数料の負担が生じます。

◆それでも魅力的なアマゾン販売

このように、詳細な比較をしていくと、アマゾンよりeBayの方が、初心者や小規模事業者には優しく、取り組みやすいと感じられると思います。どちらかというと、薄利多売は、大企業向けの事業モデルなのです。

しかし、それでもアマゾンにチャレンジする日本人は大勢いますし、そのビジネスを継続している人はいるのです。一人目の対談において、米国アマゾンを経験されたOさんも「拡大していくのは、もうちょっといいかなと……」という表現で、辞めるとは言っていないわけです。

それはなぜか？　やはり**アマゾンの圧倒的な販売力**です。アマゾンはよく売れるマーケットであるという点は、無視できない事実なのです。私自身、生活必需品のほとんどを日本のアマゾンで買っています。その使いやすさや、価格の妥当性を認めています。

その意味で、私は決して、アマゾンを否定する立場ではなく、アマゾンの有望さを十分に認めています。

しかし、これから越境ＥＣを始めようとされる方には、まずはeBayをお勧めします。理由はこれまでお伝えしてきたように、**越境ＥＣ初心者へのメリットが、eBayにはたくさんある**のです。eBayでご自分の得意な商品ジャンルを作り、そこで事業拡大の基盤となる基礎収益を確立してから、その後に低価格帯の商品を、アマゾンでも売って行くという、段階的なアプローチをお勧めします。

ここまで、アマゾンとeBayを様々な観点で比較することで、それぞれのメリット・デメリットを浮き彫りにしてきました。

ここで紹介した、出品規制、配送方法、関税、返品、取組戦略など、それぞれの扱いは、アマゾンやeBayに限らず、他のマーケットに進出する際に、その事業性を評価するために活用できるプロの着眼点です。これから、越境ECに取り組もうとされる方には、こうした考え方を参考にして、一歩一歩成功を拡大していって頂きたいと思います。

eBay、アマゾンだけじゃない！越境EC多販路展開で、販売と利益を最大化

越境ECは世界を相手に輸出販売するビジネス・モデルです。先にeBayとアマゾンという、2大マーケットをご紹介してきましたが、両者に共通するのは、世界的に著名な大手ショッピング・モールである点と、欧米先進国が主要なターゲットとなる点です。

こうした主流マーケットを押さえるという判断は、よく言えば本流ですし、別の言い方をすれば無難な判断です。

副業や起業を目指す人の中には、敢えて本流を外して、「人とは違う道を歩みたい」「差

別化路線を取りたい」という人もいるでしょう。また、中にはアマゾンやeBayには、既にある程度取り組んで、次の一手を探しているという人もいるでしょう。

そこで以下、広く世界を見渡して、欧米以外や、アマゾン・eBay以外の選択肢を紹介・概観していきます。具体的な地域や、マーケット名を上げる前に、**越境ECにおいて複数のショッピング・モールに手を広げる意義を解説しておきます。その意義とは、大きく2つあります。一つは販路拡大、もう一つはリスク・ヘッジです。**

まず、1つ目の販路拡大についてですが、ネット販売では、手元の在庫を、複数のショッピング・モールに同時出品することができます。こうすることで、1つのショッピング・モールに出品するよりも、たくさんの見込み客に自社商品を見てもらうことができ、販売の機会を増やすことができます。

というのも、店舗販売では、陳列する数だけ在庫を増やす必要がありますが、ネット販売では同じ在庫の数で、複数のショッピング・モールに出品することが可能です。そこで、**出品するショッピング・モールを増やせば、増やすほど、在庫負担を増やさずに販売チャンスを増やすことができるのです。**

さらに、出品する先のマーケットが異なることで、地域によっては一層高い価格でも売れることが、しばしばあるのです。地域が違えば、価格は違う、これは越境ECの基本的な前提です。これにより、利益も最大化できます。

このように、**国境を跨いで複数マーケットに出品することで、販売数と利益それぞれを伸ばしていくチャンスが生まれる**わけです。これが複数マーケット展開を通じた販路拡大の意義です。

次に、2つ目の意義であるリスク・ヘッジです。

特定の地域やマーケットに販路などの事業基盤を依存すると、そこで上手く行かなくなった時に、事業の存続まで影響が及びます。例えば、ある地域で戦争が生じれば、その国への航空便が限られ、時には発送自体ができなくなることもあります。

Sさんの体験談では、中国のロック・ダウンで、仕入れの危機がありました。仕入れルートも、重要な事業基盤です。そうした、リスクに備えて、輸入とは逆の輸出に挑戦したいという動機も、このリスク・ヘッジによるものです。

地理的な近さと親日で有望な東南アジアのECマーケット「Shopee」

ここでは、複数のショッピング・モールでの多販路展開の意義を踏まえて、eBay・アマゾン以外、そして欧米以外の有望な地域やマーケットを、具体的に紹介します。例えば、東南アジアです。

東南アジア諸国では、GDPや物価水準も順調に伸びており、対日感情もよく、有望なマーケットです。また、越境ECの実務面から見ると、地理的に近いことから配送料が安く、それだけ販売者側の負担が少ない点は、欧米向け越境ECと対比すべき特徴です。

図3－1をご覧ください。東南アジア各国のGDP成長率は、年により4％を超えることも多く、その成長性から越境ECでチャンスも大きいと見込まれます。

また、世界的な潮流として、サプライチェーンの再編が加速しており、生産拠点を中国から他の国に移すメーカーが増えてきています。その移管先として有望なのが東南アジアです。例えば、AppleもiPadの生産の一部を、中国からベトナムに移行しています。今後もこの流れは続いていくことが見込まれ、東南アジアが経済成長する追い風となるでしょう。

東南アジア向けの越境ECに取り組む場合に利用する代表的なショッピング・モールとしては、Shopee（ショッピー）が挙げられます。

ショッピーは、東南アジア最大のショッピング・モールで、さらに台湾への販売も可能です。現在は、南米ブラジルまでマーケットを拡大しつつあり、勢いを感じさせるショッピング・モールです。日本からは、シンガポール、台湾、マレーシア、フィリピン、タイへの出品が可能です（2023年7月時点）。

図3-1

	2021年実績	2022年実績	2023年見通し	2024年見通し
フィリピン	5.7%	7.6%	6.2%	6.5%
ベトナム	2.6%	8.0%	6.8%	7.1%
マレーシア	3.1%	8.7%	4.2%	5.2%
シンガポール	8.9%	3.8%	2.0%	2.6%
インドネシア	3.7%	5.3%	5.0%	5.3%
タイ	1.5%	2.6%	4.1%	4.3%
日本（参考）	2.1%	1.0%	1.2%	1.1%

（参照元）https://amro-asia.org/asean3-regional-economic-outlook-areo-2023/

ECマーケットが群雄割拠！　韓国への越境EC

東南アジアや台湾とくれば、我が国の隣国である韓国も有望なマーケットです。韓国マーケットの特徴として、まず取り上げたいのがEC化率です。EC化率とは、小売市場全体に占めるEC売上（ネット販売）の割合です。EC化率が高いほど、店舗よりもインターネット上で買い物をする人が多く、ECが生活に根付いていることを意味しています。

また、EC化率が高いほうが、ネットでの販売がしやすく、越境ECのマーケットとして、魅力的なマーケットであることを意味します。

この点、2022年韓国のEC化率は30・1％です。米国のEC化率が15％、日本は12・9％であり、韓国のEC化率は、日米の2倍以上を誇るのです。

ちなみに、eBayでは、アメリカ以外の国からの売上としては、イギリスが多いのですが、イギリスのEC化率は、35・9％です。韓国は、イギリスに迫るEC化率を誇っているわけです。

韓国への越境ＥＣについて、２つ目の特徴は、マーケットの多様性です。次のように、たくさんのショッピング・モールがあり、それぞれ競い合っています。

- Auction http://www.auction.co.kr/
- Gmarket https://www.gmarket.co.kr/
- 11st https://www.11st.co.kr/
- Interpark https://www.interpark.com/
- Lotteon https://www.lotteon.com/
- SSG https://www.ssg.com/
- NAVER Smart Store https://Shopping.naver.com/home
- Coupang https://www.coupang.com/
- Timon https://www.tmon.co.kr/
- GS SHOP https://www.gsshop.com/index.gs
- LF https://www.lfmall.co.kr/

韓国は地理的には、東南アジア以上に日本と近く、販売者には配送料負担も小さいですし、同様にインバウンドで来日する観光客の数も、2023年8月時点の累計では、ダントツの1位で432万人を超えています。2位の台湾258万人を大きく引き離していまず。政治レベルでは、いろいろと摩擦を思わせる報道が目立ちますが、訪日観光客の人数を見ると、個人の行動レベルでは、親日度の高さを感じさせる統計結果が出ているわけです。

インバウンドで来日した観光客が、その後ECでも日本の商品を買い求める傾向があるというアンケート結果は第1章でも、取り上げましたが、訪日する韓国人の多さからも、韓国への越境ECの可能性には着目すべきでしょう。

また、韓国の賃金水準も、日本に肉薄しており、換算に使う為替レートの選択次第では、韓国の方が、日本よりも賃金水準が高くなるという指摘もあります。このような賃金水準の高さから生じる購買力も、韓国向け越境ECの魅力となります。

なお、ここに挙げた以外のショッピング・モールとしては、東南アジアなら www.lazada.com（ラザダ）や、南米の mercadolibre.com（メルカド・リブレ）など、世界には様々なマーケットがあります。越境ECでの差別化や、販路拡大のチャンスは、たくさんあるのです。

多販路展開するならここに注意！

欧米以外のショッピング・モールに挑戦しようとするときに、注意したい点がいくつかあります。

まず第1に、日本人出品者をサポートする運営体制があるかどうか、という点です。越境EC各社は外資系企業であるため、必ずしも日本人スタッフがいるとは限りません。ただ、日本人出品者を増やそうとする「マーケット側の意思」が強い場合には、日本語対応できる専任スタッフを置いたり、日本語表示可能な販売者向けアカウント申請サイトを用意して、新規出品者を増やすための窓口体制を強化しています。これは、サポートを受ける言語の問題というよりも、むしろ決済や発送などEC運営に絡む日本人がおかれた実践環境を理解できる人材がいるかどうかという点で重要です。

また、「マーケット側の意思」と書きましたが、それを担う人材の確保ができるかどうかなど、マーケット運営サイドでの人材採用面での影響も受けるため、タイミング次第で、今は日本人セラーへ手厚い対応ができないなど、時期によるサポート姿勢の変化もあります。この点では、そのマーケットが主催する日本人セラー向けのセミナーなどに、日ごろからアンテナを張っておくとよいでしょう。

第2に重要な注意点は、手間に見合うかどうか、という点です。多販路での販売は、利益の最大化や、リスク・ヘッジという重要な意義がありますが、他方で手間もかかります。複数のサイトの管理画面に慣れるだけでも、一定の習熟期間は必要です。その手間をこなせるだけの準備ができているかどうかがポイントになるのです。

この点では、やはり**1つ1つのマーケットを、各個撃破しながら攻略していく段階的なアプローチが必要**です。焦ってたくさんのマーケットに手を伸ばしても、中途半端になりかねません。

あるECマーケットに習熟して、利益が十分に出せるようになってくると、自転車の運転と同じで、無意識に乗っていても、転ぶことはなくなります。気持ちの余裕が生まれますし、外部の環境変化への対処も落ち着いてできるようになります。また、すでに攻略したマーケットでの利益があるので、多少出費を伴っても事業を拡大していく資金的な余力も生まれてきます。

こうして、販路拡大に伴う煩雑さに対処できるだけの、余力が生まれてから、徐々にマーケットを増やし、販路拡大に取り組んだ方が、手堅い成長が得られます。

また、多販路展開に当たっては、システム化しやすいかどうかという点も、煩雑さへの対処として重要です。

複数のショッピング・モールへの出品を、一元管理できるシステムがすでに用意されていたり、低コストで作れるシステム要件を備えているなど、システム面での環境があるかどうか、という観点から、検討してみることも大切です。

多販路展開でもやっぱりeBay

ここで、多販路展開に当たってのシステムという点を指摘しましたが、eBayは多販路展開に当たっても、すでにシステムが用意されているのです。

eBayは、アメリカを拠点とするeBay.comでの販売が主流で、初心者はそこが出発点になりますが、それ以外にも、各主要国別に、eBay.co.uk（英国）、eBay.fr（フランス）、

ebay.com.au（オーストラリア）、eBay.com.sg（シンガポール）、eBay.com.hk（香港）など、各国別にローカルサイトが存在しています。

こうした複数の国に自動出品し、商品説明やタイトルまで、現地語に自動翻訳するシステムが用意されています。eBay自身がリリースしているeBay Magや、サードパーティのWeb interpretです。

ここに挙げた自動化ツールは、現時点では欧米の国への出品に偏っていますが、アジア圏にある各国eBayへの出品についても、米国出品のCSVデータをダウンロードして利用することで、比較的スムーズに出品することが可能です。

本章では、実践者の体験談・対談や、eBayとアマゾンの比較、そして越境ECの可能性の大きさをお伝えする趣旨で、多販路展開について解説してきましたが、本章全体を通してお伝えしたいことは1点です。それは「越境ECへの取り組みの入り口として、まずはeBayに取り組んでみることがおススメです」ということです。

eBayは初心者にとって比較的優しく、さらに、次のステップとしての多販路展開用のシステムまで用意されています。

こうした環境を活かして、越境ＥＣというビッグウェーブに乗り出していって頂ければと思います。

第4章

eBayで輸出・5つのステップ

第1章から第3章までで、越境ECについて、大局的な視点から理解を深めるための情報をお伝えしました。そこで、本章では実際に越境ECを始めるための具体的な手順を解説しながら、輸出販売の実務をスタートするための情報をお届けします。

越境ECなら、まずはeBayで始めてみよう

越境ECを始めるには、ショッピング・モールでスタートすることがおススメです。理由は第1章に書いた通りですが、個人や小規模事業者には、低いハードルでスタート・ダッシュが可能です。

ショッピング・モールとしては、米国のアマゾンやeBayが有名なところですが、世界を見渡せば、他にもたくさんのショッピング・モールがあり、越境ECの舞台は大きく広がっています。今後も増えていくでしょう。

そして、ショッピング・モールごとに、それぞれ特徴の違いがあります。単純に「よく売れるから」とか、「有名だから」、というだけの理由で始めてしまうと、意外な伏兵が潜んでいて、思ったほど上手く行かなかった、というオチになりかねません。

そこで、本書では日本人にとって、比較的低いハードルで越境ECを始めることができるeBayをお勧めしています。ある程度、**eBayで経験を積み、その後に少しずつ他のショッピング・モールにチャレンジして販路を増やし、徐々に越境ECを拡大していくという段階的なアプローチがおススメです。**このように考えておくと、無理なく手堅く、越境EC事業を育てていくことが可能と考えます。

本章では、eBayの実務的な内容に入っていきますが、eBayについてもう少し周辺まで掘り下げて研究したいという場合は、私の前著『ネット個人輸出の成功マニュアル』をご参照ください。1冊丸ごとeBayを掘り下げて、扱っています。

本章とは、テーマが幾分重なりますが、記載内容、お届けする情報はかなり異なります。前著から本書執筆まで2年半ほど経過しているのですが、その間でeBayのアカウント取得方法や、画面仕様、資金の流れなど、システムが大きく変わってきています。そのため本書では、こうした実務性の高い情報のアップデートを行いながら、初心者が越境ECを本格的にスタートできるところまでの手引きとなる情報を提供します。

他方で、eBayのマーケットとしての性格は、従来からみて大きく変わるところはありませんし、本書とは異なる実践者の体験談や、国内主要ショッピング・モールとの比較など、前著は、多角的な視点からeBayを解説しています。
以上を踏まえ、とにかく早くに越境ＥＣでeBayを始めたいなら、まずは本書を読んで先に進みましょう。他方で、じっくりとeBayを理解しながら、着実に進めたいようなら、本書と前著を合わせてお読み頂くことで、越境ＥＣの実務に、どっしりと手堅く取り組んで頂けます。どちらも実践は可能です。

まずは全体像を俯瞰する

さて、eBayで輸出を始めるには、諸々の準備や手続きが必要です。具体的な手順として、本書では下記の5つのステップに沿って、進めていくことをお勧めします。

ステップ①：アカウントの取得（eBayとPayoneer）
ステップ②：ＤＨＬ／ＦｅｄＥｘとの契約
ステップ③：初出品
すタップ④：初出荷
ステップ⑤：リミット・アップ申請

この5つのステップを通じて品物を出品・販売するところまで行ければ、後は出品を増やし、売上を伸ばしていくだけです。そのスタート地点までのプロセスが、この5つのステップになります。各論に入る前に概略を説明します。

ステップ①は、eBay に参加するための資格となるアカウントの取得手続きです。この資格があって初めて eBay での購入や販売の活動ができるようになります。

ここで eBay の利用目的が買い物だけなら、eBay のアカウントを取得すればそれでよいのですが、越境ECとして輸出販売することまでを目的とする場合には、Payoneer のアカウントを、セットで使うことが必要になります。Payoneer については、第1章でも両替業者として簡単に紹介しました。ペイオニアと読みますが、縦書きの本書では、カタカナの方が読みやすいので、以下「ペイオニア」と記載します。

もう少し詳しく説明すると、eBay で売れた販売代金は、eBay の手数料等が天引きされ、その後ドルでペイオニアの口座に送金されます。

その後、この販売代金はペイオニアの口座から、皆さんが保有する日本の銀行口座に、送金されるのですが、送金のタイミングでドルから円に両替が行われます。両替や、日本の口座への国際送金ができなければ、販売代金の回収と、それを原資とした仕入れ代金の支払いなどもできませんから、ペイオニアはeBay輸出にとって不可欠の存在なのです。

ペイオニアのアカウントを、まだお持ちでない場合には、eBayのアカウント取得手続きの中で、ペイオニアのアカウントも同時に取得していきます。


次にステップ②ＤＨＬ・ＦｅｄＥｘとの契約ですが、売れた後に、国際発送でお客さんにお届けする手段となり、運送会社は、越境ＥＣでは不可欠の協力者です。国際発送するための運送会社としては、このほかに、日本の郵便局や、クロネコヤマトが提供する国際宅急便、外資系企業のＵＰＳなどがありますが、現在の取引条件を考慮する限り、運賃の割安感や、eBay輸出における実績から、ＤＨＬとＦｅｄＥｘの2社が主力になります。他の業者は、補完的に利用する形で利用している販売者が多いと思われます。

ところで、ＤＨＬやＦｅｄＥｘは、事前に事業者として取引契約を行わなくても利用は可能なのですが、その場合は割高な運賃での取引になります。執筆時点でウェブ公開されている運賃表（書類以外の荷物）を調べたところ、両者とも５００ｇで1万円を超える料金でした。

これは一見《いちげん》さん（つまり単発取引である消費者）を前提とした価格かと思われますが、**継続取引を前提とした事業者の場合は、事前に契約を交わすことで、一層安い運賃で発送できます。**現在eBay輸出を行う日本人販売者は、この契約を事前に交わしたうえで、DHLやFedExを利用していることが一般的です。

なお、事業者といっても、法人に限定されません。法人格を持たずに事業を行う個人、つまり個人事業主でも、事業者としての登録は可能です。

ステップ①とステップ②が準備段階とすれば、ステップ③初出品、ステップ④初出荷は、実践の第1歩ということになります。実際に海外のお客さんに閲覧され、購入まで決断してもらうための出品ページの作成や、売れた後に梱包し、発送ラベルを作り、出荷して、顧客フォローまで行います。

しかし、ここで「初」出品、「初」出荷として、限定的に記載したのには、訳があります。それは、セリング・リミットという規制の存在があるためです。

セリング・リミットというのは、他のマーケットには無いeBayに特有の出品規制です。具体的に言うと、**アカウント取得直後は、3品で合計200ドルまでしか出品できないの**

です。

3つしか品物を並べられないのでは、ビジネスになりません。ある程度の品数があり、多様な選択肢があることで、多くのお客さんの目に留まって売れるようになるからです。

このような規制がある理由は、出荷手続きに不慣れな販売者のアカウントで、突然たくさんの品数が売れてしまうと、売れた後に出荷方法が分からず、出荷できない（または出荷が遅れる）こともあり、お客さんに迷惑をかける可能性が高いからです。

そのため、まずは少ない数で、落ち着いて出荷のプロセスを体験してみてほしい、練習してみてほしい、という eBay の配慮からくる規制です。要するに自動車の仮免許期間のようなものなのです。

出荷実績が1件か、2件できて、その後に eBay の事務局に手続きをすれば、出品数・出品金額ともに、上限を大きく引き上げてもらうことができます。この手続きをリミット・アップと呼びます。これがステップ⑤です。

喩えて言えば、ステップ③④の初出品・初出荷を行うことで、港の湾内の穏やかな海に進水した船が、ステップ⑤のリミット・アップを経て、外海への航海に出るところまで来ている、ということになります。リミット・アップは、港の外と内を分ける重要な手続きなのです。

以上、5つのステップを概観してきましたが、テキパキと早くできる人で1か月くらい、じっくりやっても1か月半から2か月の時間が目安になります。早く始めることで、ビジネスの機会も前倒しになりますので、できる限りスムーズに進めて行きたいものです。次節以降で具体的な説明に入っていきます。

ステップ① アカウント取得の前提知識:2つのアカウント・タイプ

eBayの参加資格であるアカウントの取得方法は、2021年から大きく変わりました。それ以前は、eBayとペイパル(決済・両替業者)を連動させていたのですが、現在ではeBayとペイオニアを連動させて使うシステムに変更されています。その結果、実務面で何が変わったかというと、アカウントの取得手続きが、以前より複雑になったのです。

イーベイ・ジャパンや、ペイオニアのサイトでも、それぞれ情報提供はあるのですが、両者は別会社ということもあり、一貫した情報提供になっているかというと、どうも難しいところがあるようです。アカウントの取得段階で、挑戦を諦めてしまう人が出ないように、多くの人がはまる落とし穴に留意しながら、アカウントの取得方法を案内していきたいと思います。

eBayとペイオニアのアカウントを取得する前提として留意すべきことがあります。それは、アカウント・タイプです。

eBayには①ビジネス・アカウント（カンパニー・アカウント）と、②パーソナル・アカウント（インディビジュアル・アカウント）の2種類があります。 eBayでは同じ意味の言葉として、括弧内の表現が使われることもあります。

ビジネス・アカウントは、法人や個人事業主用で、パーソナル・アカウントはそれ以外の個人用です。

また、ペイオニアでもアカウント・タイプは2種類あり、③法人向けアカウントと、④個人向けアカウントの2種類です。法人向けアカウントは法人と個人事業主用で、個人向けアカウントはその他の個人向けです。

ここで、大事なことは、**eBayがビジネス・アカウントなら、ペイオニアは法人向けア**

カウントであること、逆にeBayがパーソナル・アカウントなら、ペイオニアは個人向けアカウントであること、これが2つのアカウントを連携させるうえでの条件になりますので、留意しましょう。①&③の組み合わせか、②&④の組み合わせ、いずれかを選択する必要があるのです。

法人として、すでに事業を営んでいる人は、迷うところではありませんが、個人の場合は、どちらになるか迷うところです。そこで両者は何が違うか。

形式的なところでは、eBayのビジネス・アカウントの方では、屋号表示が可能であるところです。屋号というのは、事業やサービスの名称です。これは、売上の大小にはあまり影響は大きくないところです。

もう一つの違いとして、実質的に大事になるのは、**ビジネス・アカウントでは、リミット・アップが早い**という点です。この点は、特に公式発表があるわけではありませんが、新しくeBayを始める方を日々サポートする中で、日々に私が経験的に感じていることです。

実質的に大事になるというのは、リミット・アップが早い方が、陳列する品数に応じて、売上・利益の拡大も早いからです。従来は、最初のリミット・アップ手続きで100品5万ドルというケースが多かったのですが、最近はさらに気前の良いセリング・リミットが得られるケースが増えています。

そこで、本書では、ビジネス・アカウントの取得を前提に、説明を進めます。

eBayとペイオニア・アカウント取得の全体像

大きな目で見れば、アカウント取得は、画面が求める入力事項を、順番に入れていくだけの流れですから、単純と言えば単純なのですが、その道のりは、かなり長いです。

画面表示は、何度もページが切り替わっていきますし、eBayと、ペイオニアそれぞれの画面を行き来します。途中、数日間にわたって、事務局側の審査・回答を待つ期間があるなど、初心者には、先の見通しが見えず、不安に感じられることがあります。そこで本節では、事前に全体像を把握しておきます。こうすることで全体の中での進捗が分かるようになり、実践中に達成感と安心感が得られ、手続きの前進に向けて弾みがつきます。

さて、eBayのアカウントと、ペイオニアのアカウントは、両者を1つの流れの中で取得していきますが、その流れは大きく3つのフェーズ（段階）に分かれ、さらに2つ目のフェーズは4つのサブ・プロセスに分かれます。全体像を、シンプルにまとめると左の通りになります。

〈フェーズ1〉eBay のアカウント取得
〈フェーズ2〉販売者アカウントのセットアップ
〈フェーズ2—1〉事業者情報・個人情報の入力（ペイオニアのアカウント取得）
〈フェーズ2—2〉eBay とペイオニア間で、登録情報の共有
〈フェーズ2—3〉請求先情報の登録（手数料等の支払い用）
〈フェーズ2—4〉販売者としての登録申請
〈フェーズ3〉ペイオニア・アカウントのセキュリティ設定と本人確認

フェーズ2については、さらに4つの内訳まであり大変そうですが、フェーズ2—2と、2—4は、確認のためにボタンを押すだけで終わります。実質的には2—1と、2—3が手続き内容になりますので、少し安心できるのではないでしょうか。

以上の全体像を念頭に、特に初心者が躓きやすい所はクローズアップして（◆印をつけ

て）、解説を進めていきます。

〈フェーズ1〉eBayのアカウント取得

ここは比較的シンプルです。左記のURLにアクセスして、画面が求める情報を、順に入力していきましょう。

https://signup.ebay.com/pa/crte

ここでは、アカウント・タイプ（ビジネスを選択）、メール・アドレス、パスワード、事業の所在国（通常は日本を選択）を入力します。いずれも判断に迷うところは、あまり多くないと思いますが、敢えて注意するところを挙げれば以下の2点です。

◆メール・アドレス：普段使っているプライベートなアドレスとは別に、eBay輸出専用のものを用意したほうが、良いでしょう。先々本格的に取り組み始めたときに、かなりの量のメールが届きますので、プライベートなメールと混ざると、重要なものを読み飛ばすなどのリスクが生じます。なお、登録したメール・アドレスを後で変更することは可能です。

◆ユーザー・ネームの設定：フェーズ1のアカウント登録完了後に、ユーザー・ネームの設定を促されますが、これは任意です。不要と思われたら、［skip］というボタンをクリックして、先に進めましょう。なお、ユーザー・ネームを設定すると、それをログインIDとして使えるようになります。設定しない場合は、登録したメール・アドレスがログインIDになります。

〈フェーズ2〉販売者アカウントのセットアップ（ペイオニア・アカウントの取得）

フェーズ1でeBayのアカウントが取得できると、自動的に画面が切り替わり、「Set up your selling account」という見出しの画面（図4-1）が現れます。ここからがフェーズ2のスタートになります。この画面では4つの小見出しがあり、それぞれ先に説明した4つのサブ・プロセスに対応します。

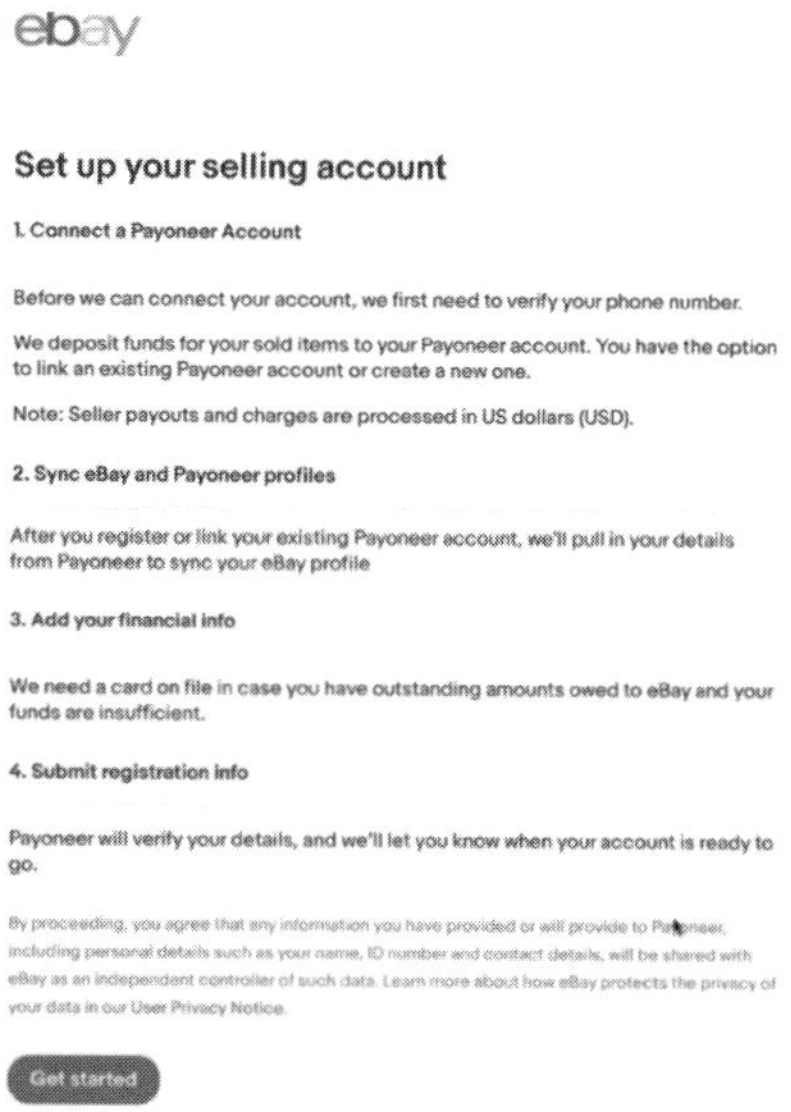

図4－1

〈フェーズ2－1〉Connect a Payoneer Account
〈フェーズ2－2〉Sync eBay and Payoneer Profile
〈フェーズ2－3〉Add your financial info
〈フェーズ2－4〉Submit Registration info

先に解説したサブ・プロセスの日本語が、画面上の英語を分かり易く、意訳したものになります。

画面下部の青いボタン［Get started］をクリックして先に進めましょう。

〈フェーズ2－1〉事業者情報・個人情報の入力

ここでは、電話番号、名称や住所など、たくさんの項目の入力が求められますが、ここでも順に、入力を求められた項目を埋めて行けばよいので、注意すべき点は、限られます。

◆電話番号については、本人のものかどうか確認するため、ショート・メッセージまたは、音声で認証手続きが求められます。その場に電話機（スマホ）を用意しておきましょう。

◆事業形態については、個人事業主ならSole proprietorshipを、合同会社ならLimited liability company（ＬＬＣ）を、非上場の株式会社ならPrivate Corporationを選びます。

◆住所は、日本語での入力とは順番が逆になります。日本語では、都道府県、市町村、町名…という順で広い所が先で、狭い所が後ですが、**英語では順序が逆になります**。注意しましょう（なお、住所に限らず入力は半角のアルファベットと数字が原則です。**全角になっていないかどうか**、よくよく注意しておきましょう）。

◆秘密の質問は、忘れないように手元に控えておきましょう。

◆開業日は、フェーズ2で最大のポイントです。Company ID（Optional）という見出しの下に、開業日（会社設立日）を入力する欄があります。見出しのOptional（任意）という表示に影響されて、**開業日を空欄にすると、画面を進めるボタン［NEXT］がクリックできず、先に進めなくなります。**開業日は必ず埋めましょう。個人事業主で、開業届を税務署に出している人は、そこに記載があるはずです。この「開業日を空欄にしない」という点は、初心者にとって、かなり躓きやすい所です。

〈フェーズ2―2〉eBayとペイオニア間で、登録情報の共有

ここは前述の通り、フェーズ2―1で入力した内容の一部を画面上で再度確認して、送信ボタン［Continue］をクリックするだけです。

〈フェーズ2―3〉請求先情報の登録

ここでクレジット・カードをeBayに登録しますが、これはeBayの手数料の支払いが目的になっています。手数料の徴収は、通常はeBayのアカウント内に設けられた売上代金の受領口座から天引きされますが、口座の残高が不足する場合には、クレジット・カードに課金されます。

また、返品に伴って返金する必要が生じた場合にも、口座残高が不足すれば、同様にクレジット・カードに課金されます。
クレジット・カードの登録手続き自体は、画面が求める情報を入力するだけですから、シンプルですが、目的が分からないと、不安になる人もいるでしょう。念のため説明しておきました。

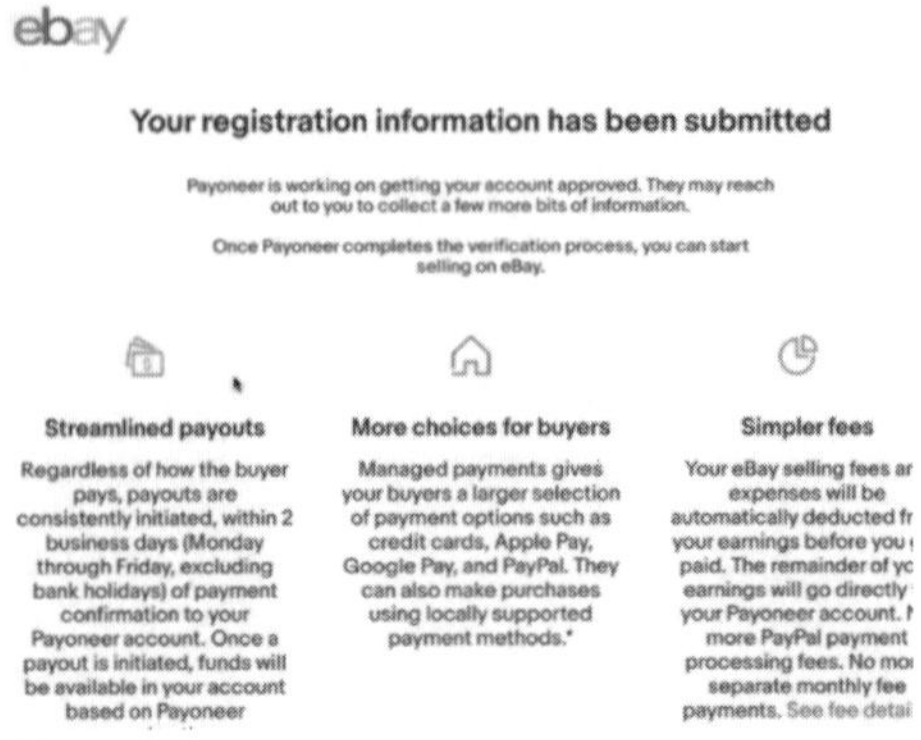
ebay
Your registration information has been submitted
Payoneer is working on getting your account approved. They may reach out to you to collect a few more bits of information.
Once Payoneer completes the verification process, you can start selling on eBay.
Streamlined payouts
Regardless of how the buyer pays, payouts are consistently initiated, within 2 business days (Monday through Friday, excluding bank holidays) of payment confirmation to your Payoneer account. Once a payout is initiated, funds will be available in your account based on Payoneer
More choices for buyers
Managed payments gives your buyers a larger selection of payment options such as credit cards, Apple Pay, Google Pay, and PayPal. They can also make purchases using locally supported payment methods.*
Simpler fees
図4－2

〈フェーズ2－4〉販売者としての登録申請

ここは前述の通り、送信ボタン［Submit request］をクリックするだけです。

以上の手順で進めると、上記の画像のように、「Your registration information has been submitted」（登録情報送信完了）という見出しの画面に変わります。ここまでくれば、フェーズ2は完了です。この後、フェーズ3が始まるには、1日から3日ほどかかることもあるので、ここで一息つけます。

◆万一、3日経過してもeBayおよびペイオニアからメールが届かなければ、待ち続けずに、問い合わせを入れましょう。問い合わせによって、動き出すことが、しばしば散見されます。ここも1週間、10日間と待ってしまう人も多いようで、初心者が躓きやすい所です。

〈フェーズ3〉ペイオニア・アカウントのセキュリティ設定と本人確認

フェーズ2完了からしばらくすると、eBayとペイオニアからメールが届きます。メール内のリンク「Update Business Infomation」をクリックして、画面を先に進めると、フェーズ3が始まります。

ここでは、前半・後半とを分けて、大きく2つの手続きを行います。1つ目は、ペイオニア・アカウントの個人情報として、秘密の質問を追加して、セキュリティを高めます。「追加して」と書いたのは、フェーズ2－1の中で、すでに秘密の質問を1つ設定しているからです。フェーズ3では、さらに2つ追加します。なお、秘密の質問というのは、パスワードなど、ログイン情報を失念した時に、本人しか知らない情報を入力させて本人確認することで、パスワードを再設定できるようにした仕組みです。母の旧姓や、祖母の下の名前などを自分で選んで設定しますが、本人でないと、なかなか知りえない情報です。
2つ目は、本人確認手続きとしての身分証と、住居証明書類の提出です。どちらも画像をアップロードして送信します。1つ目よりも、こちらの2つ目の方が初心者にとって躓きやすい難所があります。

フェーズ3の前半となる秘密の質問は、従前どおり画面に求められるにしたがって埋めてゆけばよいですが、それが終わると、次は本人確認資料の提出が求められます。ペイオニアのホーム画面で図4-3が表示されますので、［SUBMIT NOW］をクリックして先に進みます。

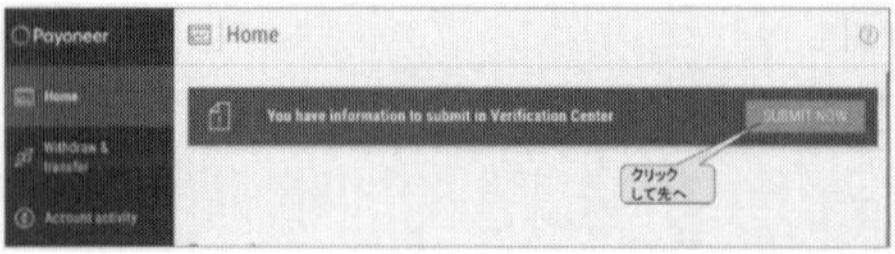

図4－3

Address verification（住所確認書類）と、Governmental - issued Photo ID（写真付きの公的身分証）というメニューが表示されますので、それぞれ［Submit］ボタンを押して、提出作業に入ります。ここで注意が必要です。
住所確認書類は、日本人の場合、公共料金の請求書か、住民票の2種類が使いやすいです。

公共料金の請求書は、自分名義で契約していれば、追加コストや取得の手間無く使えて便利です。しかし、自分ではない家族名義で契約されていることも多く、その場合は、住所確認書類として使えません。そのような場合には、住民票を取得して提出できます。

ペイオニアのヘルプページでは、この2種類の他に、銀行明細や、住宅の賃貸契約書が挙げられているのですが、前者は住所と氏名、そして口座番号が記載されていることが要件となっており、そのような体裁の銀行取引明細やネット上の画面（スクリーンショット）が、日本では手に入りにくい点が難点です。また、賃貸借契約書を使うには、家主の公共料金の請求書がセットで要求されているので、これもなかなか難しいでしょう。

住所確認書類の提出方法としてペイオニアの画面上は、Utility bill（公共料金請求書）、Bank document（銀行取引の明細）、Rent Agreement（賃貸借契約書）の3つしかありません。**住民票を提出しようとする人は、選択肢が見当たらずに、ここが戸惑いを感じるところですが、どの選択肢から提出しても、審査は進めてもらえます。**

写真付きの公的身分証として使えるのは、運転免許証とパスポートです。運転免許証を使う場合は、住所変更などで裏面に記載がある場合がありますが、表面だけの画像データで受理されるようです。提出できる画像の枚数は、筆者が確認した時点では1枚だけでしたが、裏表を1枚に収めようとして画像を加工すると、それが偽造と誤解されて、再提出を求められることがあります。

また、**写真データを送信する際には、提出する資料の四隅が写真のフレーム内に見えるように撮りましょう**。一部でも欠けていると、受理されない場合があります。

以上、長い道のりでしたが、必要な書類を提出すれば、後はアカウントの開通を待つのみです。数日して、eBayやペイオニアから連絡が来れば、めでたくアカウント取得ができたということになり、次のステップへと駒を進めることができます。

フェーズ2の完了時点と同様に、目安として3日間経過してもeBay・ペイオニアから連絡が来なければ、そのまま待ち続けるのではなく、主体的に問い合わせを入れて、先に進めましょう。

なお、ここまで、アカウント取得の全体像を見渡しながら、初心者が躓きやすい所を重点的に取り上げてきましたが、限られた紙面としての制約上、論点や画像を、かなり絞り込まざるを得ませんでした。私が運営するスクールで公開しているＨＰ・ブログでは、アカウント取得方法についても、本書を補完する情報提供をしております。本書で不足する点をお感じになりましたら、左下のＱＲコードやＵＲＬから、ＨＰ・ブログをご覧ください。随時アップデートも予定しております。

https://cool-japan7.jp/blog/ebaybasics/315/

ステップ②　ＤＨＬ等運送会社との契約

ステップ①でアカウントが取得出来たら、次はステップ②として運送会社との契約に進みます。先述した通り、事業者契約を行うことで、ＤＨＬやＦｅｄＥｘでは、割安で競争力ある運賃での商品発送が可能になります。

まずは、ＤＨＬのアカウント取得方法から説明していきます。ＤＨＬのホームページからカスタマー・サポートに問い合わせを行い、eBay の販売者（事業者）として契約したい旨を伝えると、大抵は営業スタッフの方から、折り返し連絡が届きます。

そこで、様々な情報提供を求められますので、それに回答していくことでＤＨＬのアカウント取得（契約）ができます。専任担当となる営業スタッフ（日本人）のサポートもありますので、必要に応じて質問・相談しながら、手続きを進められます。

初心者が戸惑うところは、２つあります。まず、事業者であることの資料確認があります。個人事業主でも契約できるとはいえ、それは継続利用が前提となりますので、本当に事業者なのかどうか、という点の確認は求められるでしょう。

具体的には、自社のホームページのＵＲＬです。ホームページについては、すでに事業をしている人でないと、用意していることはあまりないでしょうから、ここで戸惑いを感じる人が多いと思います。

その場合には、**eBay で商品を１つ出品して、そのＵＲＬや、商品一覧ページのＵＲＬを提出するという方法**があります。この方法で進める場合には、順番は多少前後しますが、本章の後で述べるステップ③の出品方法を前倒しで参考にし、品物を１つ出品しておきましょう。

ただ、その場合は、本当に売れてしまうと困ります。運送会社の契約前に売れてしまうと、発送できないですし、売れて商品がなくなってしまうとURLを見せにくいからです。もちろん、万一売れてしまったら、事前のアカウント契約がいらない郵便局等の発送方法で送るという選択肢はありますが、少し割高になります。

もう一つ留意すべき点は、**輸入用のアカウント**です。運送会社のアカウントは輸入用と輸出用で分かれていることがあります。輸入用を持っておかないと、商品の返品を受ける場合に、返送用のラベルを作ることができず、越境ECの実務上、顧客対応で困るのです。

もちろん、輸入用のアカウントが無くても、返送を受ける道は様々にあるのですが、手続きが煩雑になります。輸入用アカウントを持っておくことで、一層スムーズな業務が可能になるのです。輸入用のアカウントが同時に作れるかどうかは、営業担当者に確認を入れながら、手続きを進めましょう。

初心者が戸惑う回答事項の2つ目として、実績ベースでの数字（出荷数など）もあるのですが、これからeBayを始める場合には、その旨を断ったうえで、**計画値で回答**を進めていけばよいでしょう。

そのようなプロセスで申し込み手続きが進むと、見積もりとして運賃表が提示されますので、それを見て契約締結を行うかどうか、判断材料とします。

ステップ③ 初出品

ここからは、初めての方向けにeBayでの出品方法を説明します。本節の見出しを見ると、「初」という限定は置いていますが、その後も繰り返し活用できる内容です。

出品に必要な画面を開くと、上から下までたくさんの入力項目があり、初めての方には、大変そうに見えるのですが、全体像を俯瞰しておくと、心理的なハードルが、かなり下がります。

出品の手続き（画面入力）は、全体としては、序盤で「カタログ選択」、中盤で「商品情報の入力」、終盤で「取引条件の入力」という3つのフェーズに大別されます。それぞれで入力を求められる項目がありますが、必須、推奨、任意という優先順位が示されますので、初心者の段階では、まずは必須を入力するだけでも出品はできます。慣れてきたら、

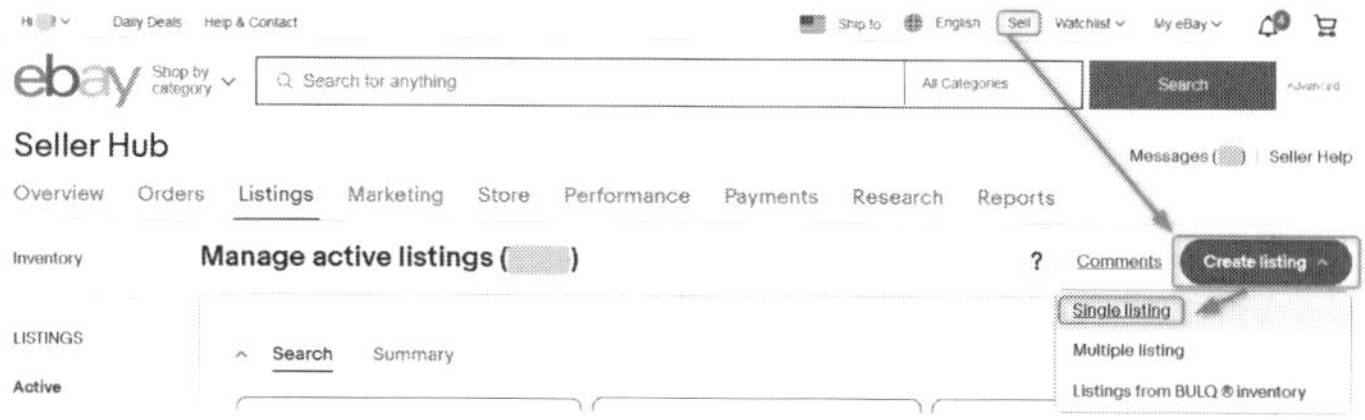

図4−4

推奨や任意の項目まで、丁寧に入れて情報量を増やしていくと、販売促進の効果が得られます。

出品に当たり、まず最初に着手することになるのは、出品編集画面へのアクセスです。図4-4の通り、以下の手順でアクセスできます。

■eBayのトップ画面

←

■画面最上段の右寄りにある［Sell］（販売する）をクリック

←

■次の画面で右側にある［Create listing］（出品する）をクリック

←

■プルダウン・メニューから［Single listing］をクリック

ここで覚えておくとよい言葉がlistingです。**listingという言葉は、「出品」を意味します。**一般に、マーケットに商品を並べることを、英語で list と言い、たとえば証券市場に、株式を上場することも、「go listed」と言います。覚えておくと、eBay の英語の画面に慣れるのが早くなります。

〈フェーズ1〉カタログ選択

次に、出品プロセスの最初のフェーズであるカタログ選択を求められます。図4－5の画面のように、売ろうとしている商品のキーワードが求められるので、入力して検索ボタン（虫眼鏡のマークのボタン）を押せば、カタログを検索できます。カタログを使うことでスペックなどの商品情報の入力を効率化できて便利です。ここでは、例としてニコン製カメラのFM2Nというモデルを検索しています。

図4－5

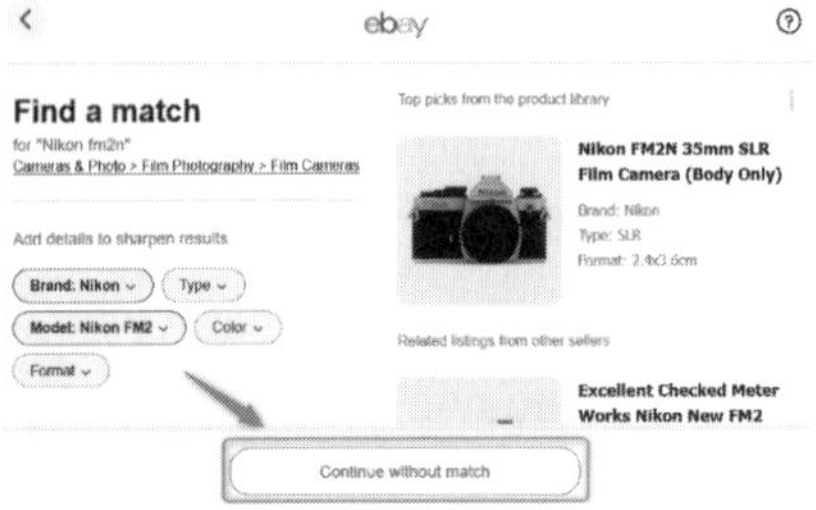

図4－6

次の画面（図4－6）で候補となる商品カタログが、複数表示されますので、該当するものがあれば、それを選びます。

ただし、出品しようとしている商品について、カタログが存在しないこともあります。そのような場合には、無理にカタログを利用しようとせず、カタログを使わない出品も可能です。

本書では、カタログを利用せずに出品する前提で、話を進めます。図4－6のように、［Continue without match］（該当なし）をクリックして先に進めます。

〈フェーズ2〉商品情報の入力

次の画面では、商品の状態を問われます。該当するもの（新品なら［New］、中古なら［Used］等）を選択して、［Continue to listing］（出品を続ける）をクリックします。初出品される方の場合は、子供が使わなくなったおもちゃなど、不用な家財道具などをお試しに出品するケースが多いでしょうから、以降の解説はUsedの選択を前提に話を進めます。

次に現れる［Complete your listing］（出品を完成させてください）という見出しで始ま

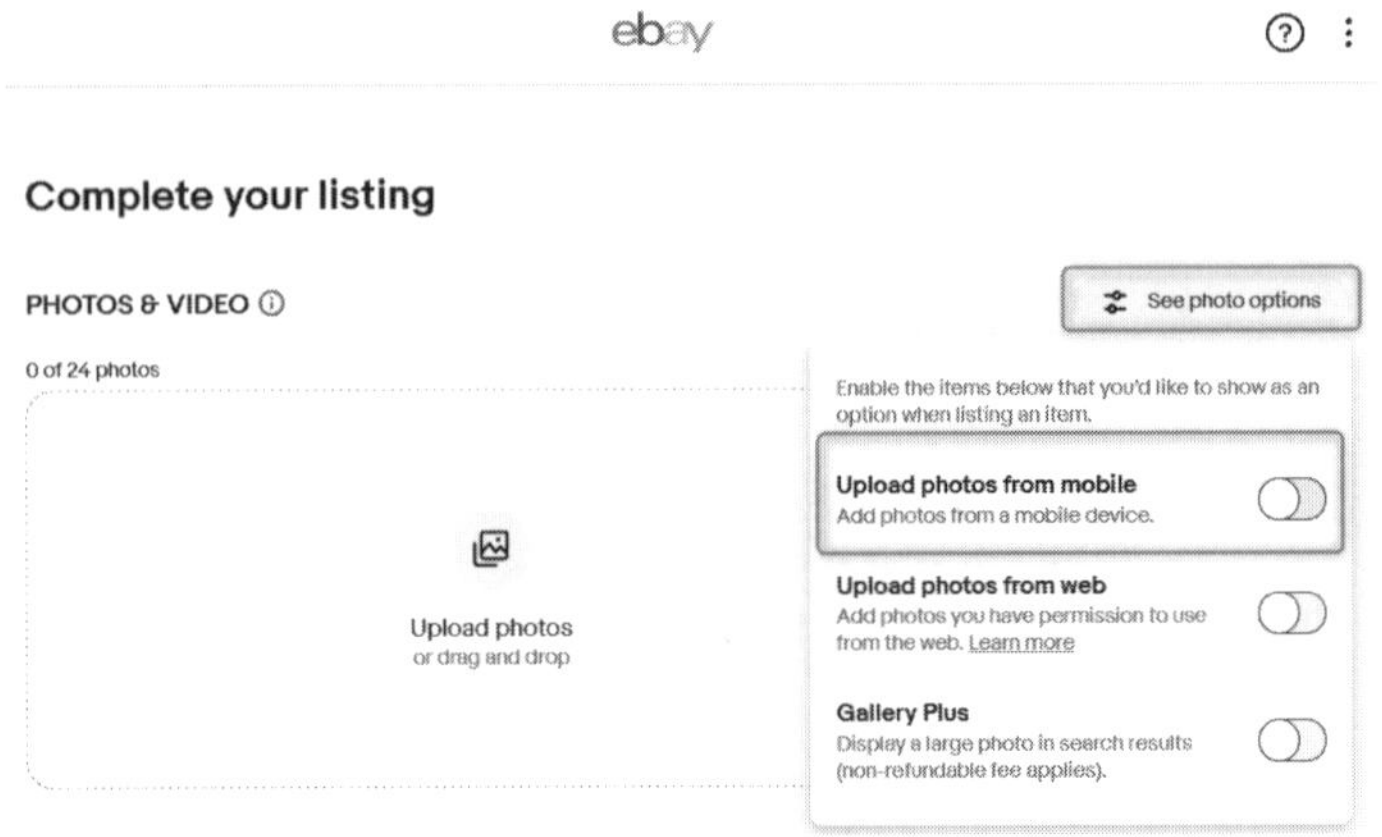

図4－7

る画面（図4－7）が出品編集画面の本体です。

ここでは、商品画像（や動画）、商品タイトル、カテゴリー、スペック情報、状態説明、その他の説明を入力していきます。以下個別に説明していきます。

◆Photos & Video（写真と動画）

写真は24枚掲載可能です。全部を埋める必要はありませんが、**情報量が多い方が、お客さんが購入の決断を下しやすい**のは、言うまでもありません。以前は12枚が上限だったのですが、写真が多い方が売れやすいという傾向をeBayが把握した上での改善だと思われます。この点からも、可能な限り多めの写真掲載がおススメです。

他方で、掲載する写真の枚数を増やすことと自体が自己目的化してしまい、同じ写真ばかりになってしまっても、良くありません。増やしたくても、撮影する側面がこれ以上ないという商品もあります。こういった場合は、**同じ商品を掲載している他の販売者が、何枚くらいの写真を出しているか、競合調査をして判断**すると、掲載する商品写真の枚数に関して、販売促進上の手掛かりが得られます。

◆オプション・メニューを使いこなそう

図4-7は、写真を掲載する入力欄ですが、画面左側の破線で囲まれた部分をクリックすると、パソコンに保存しておいた写真を選択して、アップロードができます。

他方で、**画面右上には［See photo options］（写真掲載のオプションを見る）というメニューがあります**。クリックすると、プルダウン・メニューが表示され、さらにたくさんのメニューにアクセス可能です。

この場合は、一番上に［Upload photos from mobile］があり、スマホで撮影した写真を、アップロードするメニューにアクセスできます。

現在のeBayの出品編集画面は、商品画像に限らず、商品タイトルや、発送関係など、他の入力項目でも、それぞれにオプション・メニューがあり、便利で、魅力的な出品にするためのオプション・メニューが、随所に用意されています。

現在の体裁になる以前は、出品編集画面にたくさんのメニューが並ぶことで、出品を難しく感じる人もいたのだと推察しますが、そうした層への配慮から、必ずしも必須ではないメニューは、オプション・メニュー内に格納して、出品編集画面をスッキリと、シンプルに表示するようになりました。**初めて出品する場合には、あまりオプション・メニューに入り込まず、まずは出品に慣れていき、慣れてきたら、少しずつ試して、使いこなせるようになって行けるとよいですね。**

◆Title（出品タイトル）とSEOの基本

次の入力欄は、Title です。ここには商品名を中心としたキーワードを入れていきます。商品写真と並んで、販売促進上で、非常に重要な項目です。

というのも、ネット販売ではお客さんが検索時に入力するキーワードと、販売者が掲載するタイトル等のキーワードが一致した時に、検索結果の画面に、皆さんの商品が表示されます。

もし、ここで皆さんの商品が表示されない、または表示されたとしても、3ページ目以降に表示されるなど、下の方に表示される場合には、当然ながら売れにくくなります。お客さんとの商品との出会いが遠のくからです。

お客さんに商品を見てもらうためには、お客さんが検索するであろうキーワードを推測しながら、入力するのが鉄則です。さらに言えば、お客さんと、皆さんとの間にいる、検索エンジンが、好んで上位に表示させたくなるようなキーワードを選んで出品することが、大事なのです。これをSEO（検索エンジン対策）と言います。Googleの検索エンジン対策は有名ですが、eBayにも特有の検索エンジン対策がありますので、そうした点に配慮しながら、タイトルを入力していきます。

初めて出品する場合は、シンプルに商品名を掲載すればそれで構いませんが、慣れてきたらSEOを意識して商品名を入力していきましょう。

代表的なところでは、**メーカー名、モデル名、型番、色・サイズ等の主要スペック、一般名称などを入れることが、定石**です。

右の例の最後に、一般名称を挙げましたが、固有名詞に対する、普通名詞としての一般名称です。例えば、iPhoneや、その型番が固有名詞なら、スマホが一般名称です。

両者の違いは、具体性の違いです。**一般に、検索時に入力するキーワードの具体性が高いほど、その見込み客の購買意欲が高い**と考えられます。事前にカタログで情報を確認したり、比較サイト、ＳＮＳでのレビューなどで情報収集をしているから、具体的な情報が入力できるわけです。そうした事前調査をするだけの行動力と情熱があるお客さんなら、購買意欲が高いのは当然です。

他方で、一般名称（普通名詞）は、なぜ入れる必要があるのか？　それは、自分が欲しいものは何なのかを明確にするために、ウィンドウ・ショッピングをしている段階のお客さんが入力するキーワードだからです。人数で言えば、こちらのタイプのお客さんの方が多いでしょう。**固有名詞検索のお客さんが「今すぐ客」なら、普通名詞検索のお客さんは「そのうち客」**です。

そのため、検索時点での購買意欲は低くても、広く浅く、たくさんのお客さんにリーチして、あとで購買意欲が高まったときに、もう一度戻ってきてもらう、という狙いで入れておくのです。そういう**長期目線のキーワードが、商品の一般名称であり、普通名詞**なのです。

特に、一般名称でも、スペック情報とセットで、複合キーワード検索をするお客さんは、欲しい商品がある程度明確になっていることもあり、購買意欲は高いと判断できます。このような、**今すぐ客と、そのうち客の中間的なお客さんの検索結果に表示させるため**にも、一般名称は入れておくとよいのです。

以上の通り、出品タイトルのキーワードは販売促進上も非常に重要なテーマです。そのため80文字という限度の中で、できるだけ多くのキーワードを盛り込んでおきましょう。

もちろん、関係ないキーワードや、競合製品のキーワードを入れるのは、良くありません。

Title欄には、商品名等を入れる［Item title］のほか、［Sub title］や［Custom label（SKU）］があります。

◆Sub title（副題）

これは、キーワードを増やしたいときに使う副題の入力欄ですが、**追加料金が必要**で、有料です。利幅が大きくとれるときや、販売促進を特別に強化して行いたいときに使うとよいでしょう。これは、任意の項目なので、空欄のままでも構いません。

◆Custom label（SKU）

これはカスタム・ラベルと読みます。販売者が内部管理するための情報欄で、お客さんには見えません。内容は自由に記載できます。例えば、仕入れ順の通し番号、仕入れ価格、仕入れ先のURLなど、様々に入れることが可能です。任意の入力欄ですが、特に仕入れ価格は、その後の値引きを検討する材料として、入れておくと販売促進がスムーズに行えて便利です。

◆ITEM CATEGORY（商品カテゴリー）

これは、eBayが定めた商品のジャンルです。カタログ選択時に、商品カテゴリーまで選ばれていれば、すでに入力済みですが、もし未入力の場合は、必ず入れておきましょう。これは必須入力の項目です。

商品カテゴリーごとに、必須となるスペック情報が異なるため、間違ったカテゴリーを選択すると、必要なスペック情報が入力できませんし、システム・エラーで出品自体ができなくなる場合もあります。適正なカテゴリーを選んでおきましょう。

他方で、すぐ近くに［Store category］という欄もあります。これは、eBayではなく、皆さんが構えるeBayのショップにおけるローカルな商品分類です。こちらは任意項目なので、空欄のままでも構いません。

◆ITEM　SPECIFICS（スペック情報）

先述した通り、設定した商品カテゴリーに応じて入力するスペック情報欄です。

［Required］（必須）、［Recommended］（推奨）、［Additional（optional）］（任意）という3つの区分がありますが、必須は当然ながら、任意の項目でも、多く入れたほうが販売促進上で有利です。理由を説明します。

先ほどSEOについて取り上げましたが、eBayにおけるSEOは、キーワードだけではありません。

お客さんは、キーワード検索した後には、検索結果画面のフィルター機能を使い、絞込検索を行います。検索結果が大量に表示されて、商品選択がやりにくいからです。

このキーワード検索や、絞込検索でふるい落とされずに、生き残れるようにするには、スペック情報をしっかり入れておくことが重要なのです。

eBayは近年、商品スペック情報の入力を推奨することに力を入れており、スペック情報の見出しの右側に、検索回数を記載して、そのスペック情報で何回検索されているかをPRしています。当然、**検索回数の大きなスペックほど、それに対する需要が大きい**わけです。例えば、図4-8の画面を見ると、［Format］（フィルムの大きさ）では、20万5300回、［Color］（色）では、5万8千回の検索が行われたと表示されています。

なお、スペック情報が分からない場合には、メーカーのホームページで仕様を調べるこ

図4−8

とができます。

これも、初めての出品の場合には、最低限の入力で済ませ、慣れるにしたがって、手間と利益とのバランスを見ながら、入力を増やしてゆくとよいでしょう。もちろん、商品カタログが使える場合には、自動的に入力されるスペック欄も増えて便利です。

◆Condition description（状態説明）

文字通り状態を説明する欄です。文字データでの入力になりますが、特に中古品を売る場合には、キズや、不具合などないか、欠品しているパーツが無いかなど、状態に関する詳細を記載します。特に問題が無いなら、状態が良いことをPRすればよいでしょう。あまり強気な説明をすると、お客さんの期待が過度に高まり、商品が届いたあとに期待外れとして、顧客満足を下げることもあるので、ほどほどの表現を心掛けるのがポイントです。

◆Description（その他の説明）

ここは、商品や、取引条件に関して、多様な情報を記載できる入力欄です。他の項目と違い、ＨＴＭＬを使ったデザイン性の高いページを作ることもできますが、それ自体が販売促進効果を持つかどうかといえば、私個人の経験的には、必ずしも肯定的ではありません。体裁については、凝り過ぎずに、ほどほどにしておいた方が、手間と利益のバランス上はよいでしょう。

ここに記載する内容は、状態説明の他、発送方法や、支払いに関する情報、返品の扱い、関税に関する注意喚起などを記載します（この欄は、商品情報と取引条件の中間的な位置づけにある項目です）。

状態説明は、ひとつ前に記載した項目と重複しますが、同じ内容でも構いません。表示される場所が異なるため、お客さんの見落としを防ぐことができるからです。

この欄は、記載できる情報の自由度が高いため、「何を記載するか」「どう記載するか」で迷うことが多いかと思いますが、**評価数の多い他の日本人販売者の出品をたくさん見て、研究するとヒントが得られるでしょう。**また、海外の販売者の記載を研究すると、英語表現として思わぬ発見をするなど、非常に勉強になります。

とくに思い出深い品物の場合は、その商品をどう入手して、どう扱ってきたか、どんな思い出があるか、メーカーの開発プロセスでの苦労話や、有名人・インフルエンサーのコメントなど、感情に訴えるエピソードなどを入れると、受けが良いようです。**いわゆるセールス・トークを盛り込んでもよいわけです。**こうした記載内容の中に、検索エンジンを意識したキーワードを適度に盛り込んでおくことも秘訣の一つです。

私のスクールの受講生の中では、カメラのレンズを輸出販売している方もいますが、売り物のレンズで撮影した綺麗な景色や花の写真をここに掲載すると、売れ行きが格段に伸びると、ノウハウを披露してくれる人もいます。これも、手間と利益とのバランスを見て、取り組んでみるとよいでしょう。

なお、ＨＴＭＬの編集を行う場合には、画面右側の［Show all options］をクリックします。

以上、お客さんに見て頂く商品ページ作りに関して、中盤戦（フェーズ2）となる、商品情報の入力について解説しました。続いて、取引条件の説明に入ります。

〈フェーズ3〉取引条件の入力

取引条件の入力はPRICINGという見出しから始まります。

ここで留意すべきは、2つの取引形態の存在です。すなわちオークション販売と、通常の定額販売です。私たちが通常、店舗やネットショップで買う場合には、お店が定めた小売価格（定額）で買いますが、政府や自治体が発注する公共事業では、競争入札（オークション）で価格が決まることもあります。eBayでは、オークション販売と、定額販売の2つの販売形態のどちらかを、販売者が選択して、商品を出品できます。

なお、定額販売のことを、eBayではBuy It Now（今すぐ買う、即決販売）と言ったり、Fixed price listing（定額出品）と呼んだりします。どちらの表現も使いますので覚えておくとよいでしょう。

図4-9と図4-10の画像は、どちらも出品編集画面ですが、図4-9は定額販売を選んだ場合、図4-10はオークション販売を選んだ場合の画面です。それぞれ［Format］（販売形態）のプルダウン・メニューから選択可能です。選択に応じて画面表示が変わります。

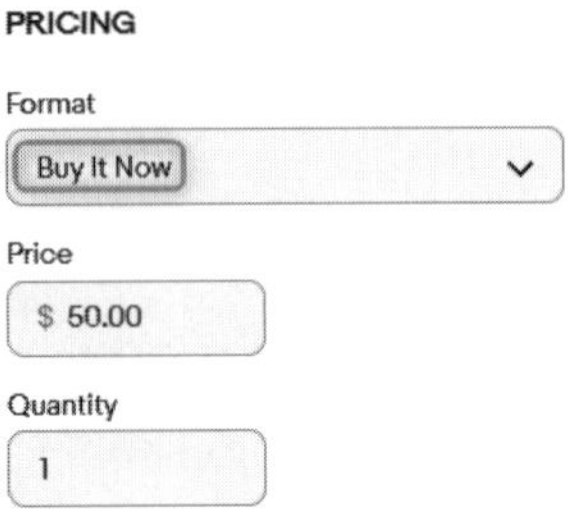

図4－9

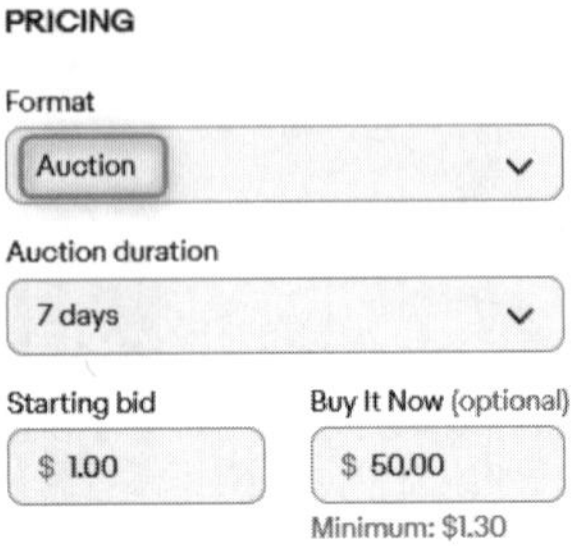

図4－10

定額販売の場合は、売値と販売数量を入力するだけでシンプルですが、オークションの方は、入力欄が増えていますので、個別に説明します。

［Auction duration］（オークション期間）は、オークションの開催期間です。1日から10日まで選択可能です。開催期間が短いほど、商品が早く売れて換金できる点はメリットですが、逆に閲覧される期間が短いために、安く落札されるリスクもあります。

逆に、期間が長いと、多くのお客さんにリーチできますが、後で入札しようと後回しにされるリスクも生じます。どちらが良いかは一概に言えませんが、希少性が高く、大勢の人が欲しいと思うような品物であれば、長く設定し、買い手がリピーターばかりになるような場合には、短期でも極端に安く落札されるリスクは減ります。

はじめて出品する人の場合には、5日から7日を目安にすればよいでしょう。

［Starting bid］（開始価格）は、小さい金額で始めるほど、大勢のお客さんの注目を惹き、その結果として競り上がりやすく（高く売れやすく）なります。オークションで買おうとするお客さんは、基本的に安さに魅力を感じているので、商品検索後は、安い順に表示を並び替えます。その結果、安い商品が上位表示されて、注目を集めるのです。

逆に、商品に魅力が足りない場合には、安く出品しても入札が集まらず、極端に安く落札されるリスクがあります。

他方で、開始価格が高かったり、予想売値の半額程度などで設定する場合には、極端な安値で落札されるリスクからは解放されます。しかし、中途半端な開始価格だと、お客さんが検索して、安く並び替えた後で、上位表示されないために注目されず、オークションに参加する人自体が限られてしまうというリスクもあります。

開始価格の設定も、オークション期間と同様に、品物の魅力度によって判断が必要になります。

オークションを使う場合でも、定額販売を併用することは可能です。そのため、オークションを選んだ場合でも［Buy It Now］の価格欄が用意されています。この場合は、開始価格から30％以上高く［Buy It Now］の価格を設定する必要があります。

ところで、私の周囲でオークションを使って、継続的に上手にやっている人は、リピーターを持っている人が多く、他のほとんどの人は、定額販売を使っています。実際に落札価格を調べていくと、オークションでは、安売りされてしまって、定額販売ならもっと高く売れたのに、と思うケースも多く見受けられます。オークションを使うかどうかは、資金回収を焦る必要があるかどうか、自分のアカウントにリピーターがついているかどうか等を勘案しながら決めてゆくことになります。

なお、定額販売を選んだ場合に、販売価格をいくらにするかは、初心者には悩ましいところですが、他の出品者の落札履歴を参考材料にします。商品検索結果の画面で、［Sold items］のフィルターにチェックを入れると、eBayにおける落札履歴が閲覧できます。（詳細は、前著『ネット個人輸出の成功マニュアル』4章が参考になります）。

◆SHIPPING（発送方法）の入力

販売形態や価格設定が終われば、次は発送方法の設定に進みます。発送方法は［Shipping

method］の欄で選択しますが、通常の小包を想定した越境ＥＣの場合は、選択肢の中から、［Standard shipping Small to medium items］（標準発送：中小型小包）を選択します。他の選択肢は、来店引き取りや、大型商品となり、初心者には向かない選択です。

［Package weight］（梱包重量）や、［Package dimensions］（梱包サイズ）の入力欄はありますが、任意項目なので、空欄のままで構いません。

◆Domestic Shipping（米国宛て発送設定）

Domestic というと、国内という意味ですが、ここでは米国宛てを指します。eBay は米国の企業だからです。さて、ここで設定するのは、お客さんから頂く運賃（送料）です。［Cost type］（運賃のタイプ）のプルダウン・メニューでは、［Flat rate: Same cost regardless of buyer location］（一律料金：買い手の所在地に関わらず定額）を選択します。

なお、発送先住所によって、販売者が払う送料は幾分上下しますが、想定よりも高い送料になったとしても、送料設定にバッファーを持たせたり、商品の利幅で吸収するため、お客さんから頂く運賃を宛先ごとに変えないでも販売可能です。

［Domestic services］（国内発送方法）の欄では、［Standard Shipping from outside US］（米

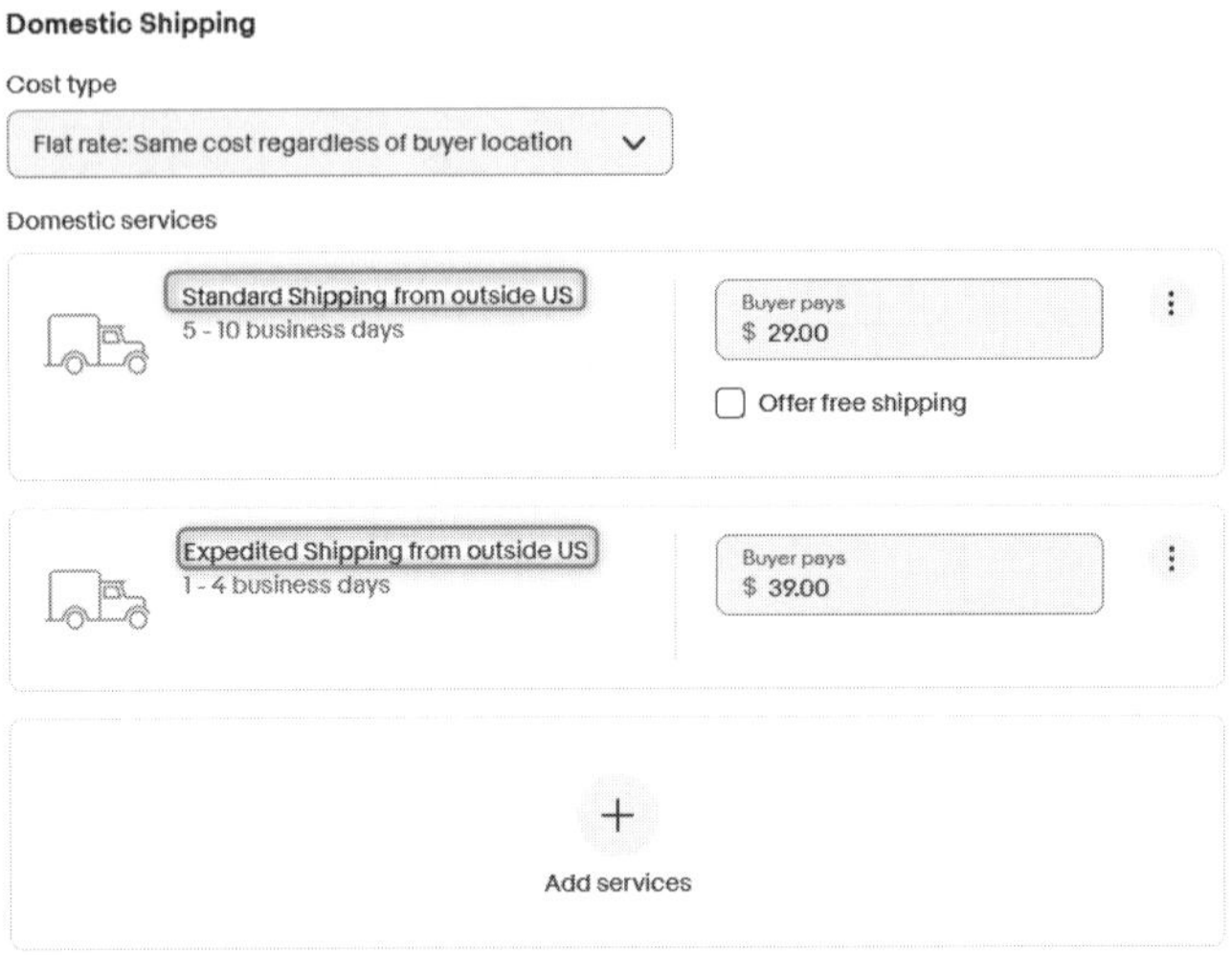

図4－11

国外からの普通発送）、または［Expedited Shipping from outside US］（米国外からの速達発送）を選択します。両方を並記しても構いません。そのうえで、それぞれお客さんからいただく運賃をドルで入力します。図4-11では、並記した例を記載しています。画像下部の＋マークや［Add services］をクリックすれば、2つ目以降を追加できます。このような設定を行えば、お客さんが自身のお好みで、発送方法を選べるため、顧客満足が高まります。

　お客さんから頂く送料（受取送料）をいくらにするかという点については、契約している運送会社の運賃テーブルを見て、概ね損しない程度の運賃を目安に設定します。販売促進を目的に、送料無料とする場合は、商品価格に上乗せするという選択肢もあるでしょう。なお、DHLやFedExの運賃表には、燃油サーチャージが含まれていません。各社ホームページで公開される燃油サーチャージ率も勘案しながら、送料設定をしましょう。

【注意】発送方法の選択に関して、DHL・FedEx・UPSを使う場合には、［Expedited Shipping from outside US］を、郵便局のEMSやヤマト運輸を使う場合には、［Standard Shipping from outside US］を、郵便局でEMS以外の発送方法を使う場合には［Economy Shipping from outside US］を使うことを、eBayは推奨しています。この点は、前著では異なる記載をしていましたが、その後eBayから方針が明確化されましたので、変更点としてご案内します。

◆International shipping（米国以外の国への発送設定）

設定の要領は、米国宛ての場合と同様です。当初はメニュー表示がオフになっていて、表示されていませんので、図4-12のように、画面上のトグル・スイッチをオンにして、設定項目を表示させてから、入力を進めましょう。

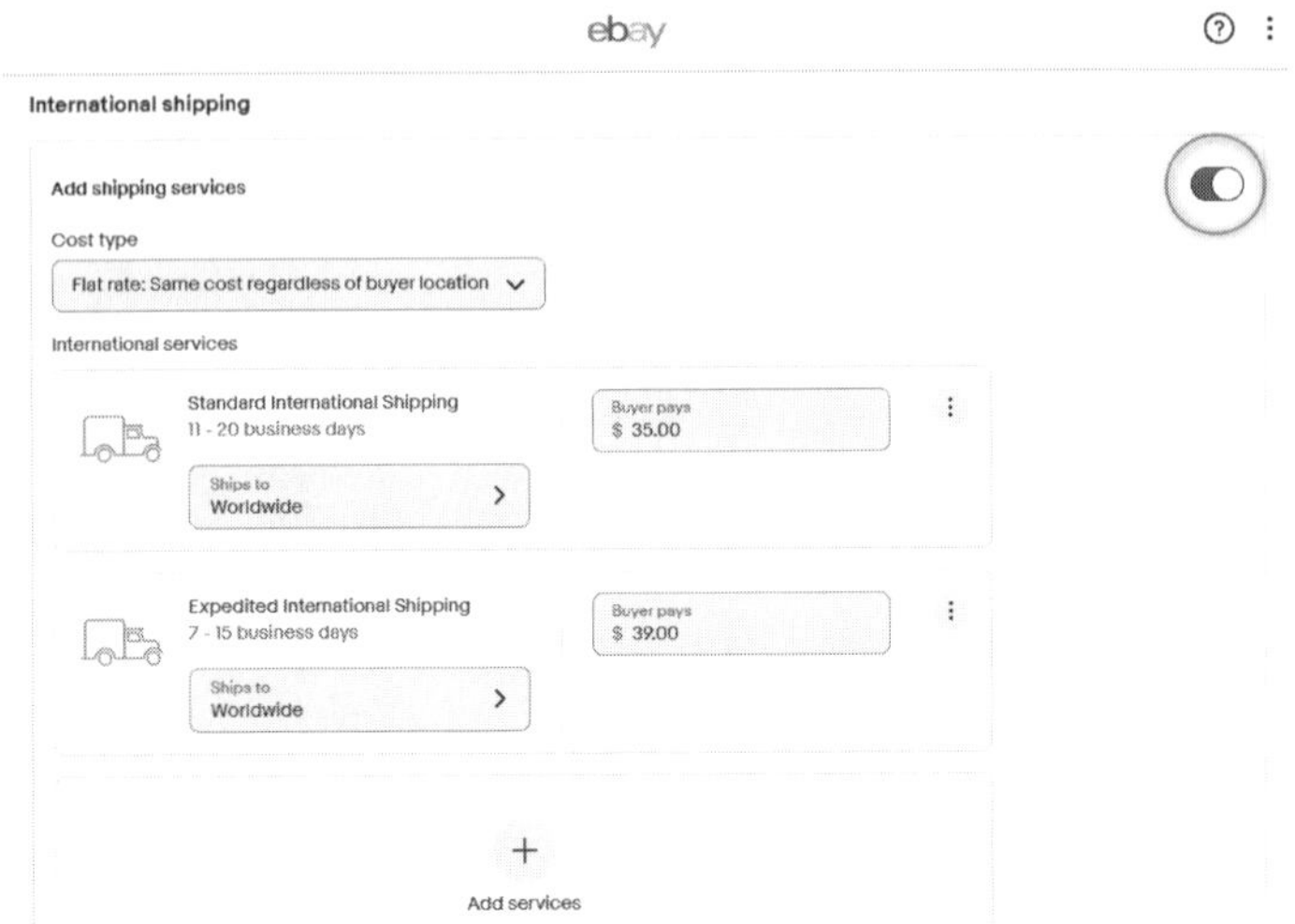

図4−12

米国以外の国宛ての送料は、米国宛てと比較して、幾分高くなる傾向があるので、Standard（普通）、Expedited（速達）それぞれで米国宛ての受取送料よりも、少し高めの金額に設定しておきます。

また、初めて出品する場合には、International shipping はトグル・スイッチをオフにして、お客さんに提示しない（米国以外に販売しない）という設定も推奨です。初めての出品は、リミット・アップを目的にして、スムーズに取引を進めるためです（経験上、アメリカ宛てが一番スムーズに取引を進められます）。

◆Preferences（その他の設定）

ここでは、ハンドリング・タイム、商

品の保管場所、返品条件の3つを設定します。

編集をスタートするために、鉛筆マークをクリックします。すると、次のページの図4-13にあるように、[Your settings]という見出しの新たな画面が立ち上がり、設定メニューが並びます。

まず[Handling time](ハンドリング・タイム)ですが、これは販売代金の入金があった日から、出荷を完了するまでの日数に関する約束です。短い日数を入れるほど、迅速に発送することになり、お客さんに喜ばれます。

日本人販売者である場合、ハンドリング・タイムは、日本の暦(カレンダー)を使ってカウントします。またBusiness days(営業日)ベースでカウントしますので、**土日だけでなく、日本の祝日も、経過日数としてカウントしません。**

例えば、ハンドリング・タイムを1営業日に設定した場合、日本時間の金曜日に売れた商品があった場合は、通常、1営業日後は月曜日になるため、月曜日の23時59分までに出荷を終えればよし、ということになります。さらに月曜日が祝日なら、火曜日の23時59分まで、ということになります。24時間ではなく、営業日でカウントしますので、注意しましょう。「金曜の10時に売れたら、月曜の10時までに出荷しないといけない」というわけではありませんので、ご留意ください。

初めて出品される方の場合は、ハンドリング・タイムとして、3営業日から5営業日の設定をすると比較的余裕をもって出荷手続きを進められます。慣れてきたら、顧客満足を高めて、売れ行きを伸ばしていくためにも、1営業日など、無理のない程度に短くしていきましょう。

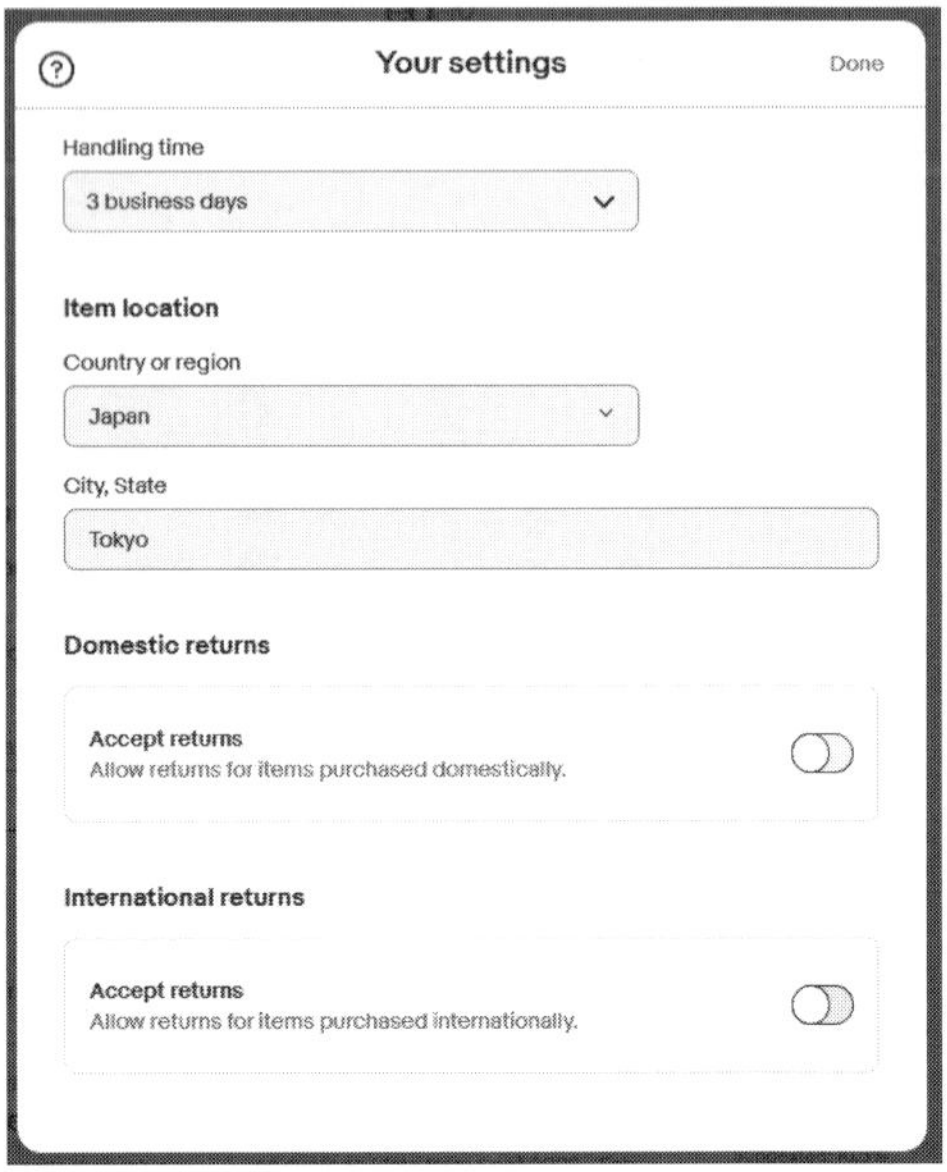

図4−13

次に［Item location］（商品の所在地）ですが、これは図4-13の通り、Japan と Tokyo など実態に即して、入力しておきます。

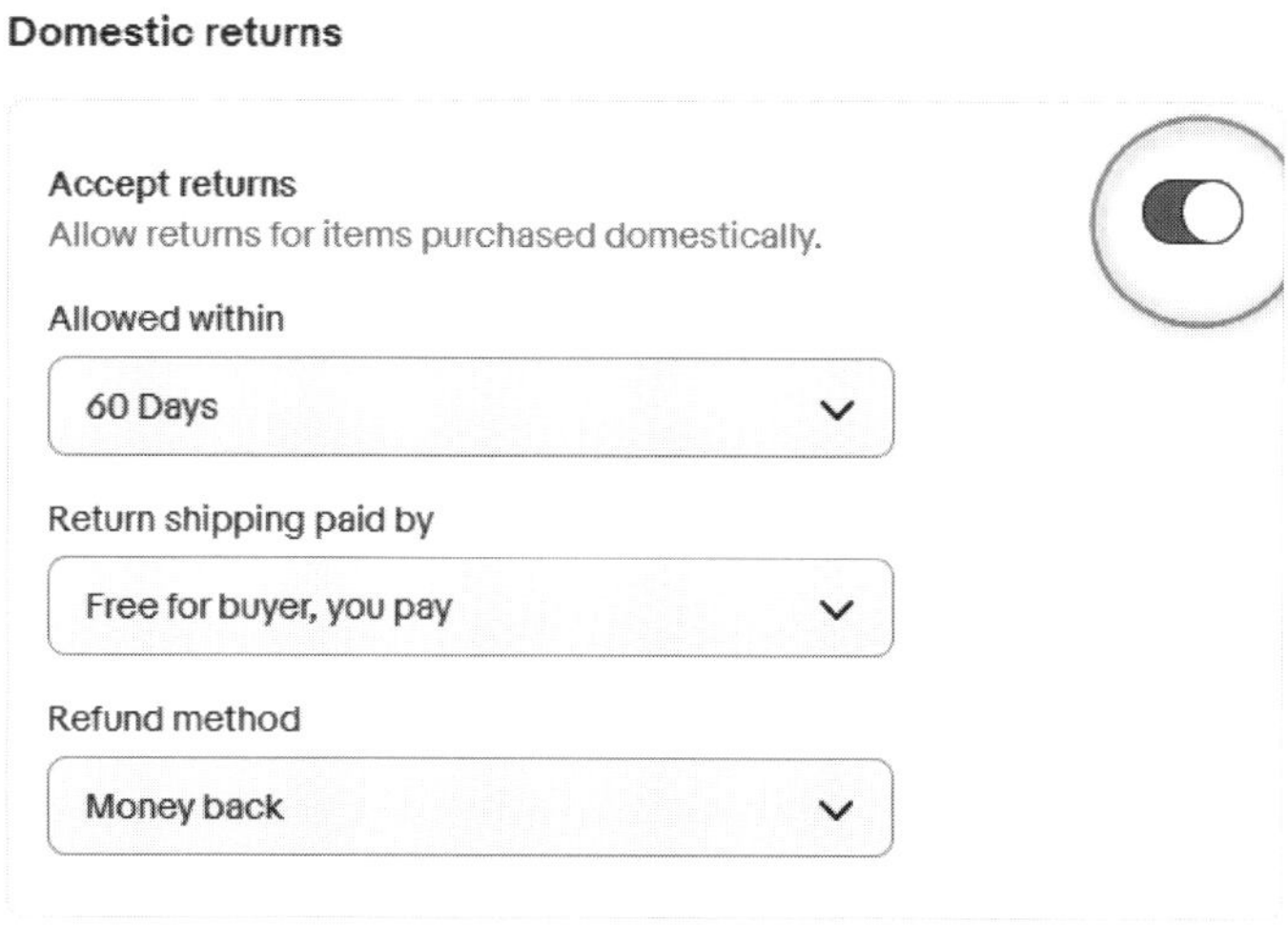

図4－14

［Domestic returns］（米国に関する返品設定）は、トグル・スイッチを、オンにすると、画面が変わりますので、そこで編集します（図4－14）。

［Allowed within］（返品受諾期間）は、長い方がお客さんも安心しますから、販売促進効果を高められるでしょう。

これを長くすると、その分「返品リスクが増えるのでは？」と不安に感じる人もいるかもしれませんが、実際のところ、30日でも60日でも、あまり変わらないというのが、私の経験から来る実感です。品物に満足しなければ、比較的早く返品の依頼が来るからです。

また、返品になるリスクは、私の経

験としては、100件売って2件から5件程度です。残りの正常な取引で十分に利益が残りますので、あまり気に病まず、取引数を増やす方向に判断を向けたほうが、メリットが大きいと考えます。

［Refund method］（返金方法）は、［Money back］（返金）を選択します。［replacement］（商品の交換）を選択してしまうと、さらに送料がかさみ、場合によってはトラブルが拡大するリスクが残るので、お勧めしません。

以上を設定終わったら、画面右上の［Done］（完了）をクリックして登録します。**［Done］を押さないとデータは登録されません**ので、気を付けましょう。

図4－13の［International returns］（米国以外の国に関する返品設定）も同様に考えます。

◆Excluded locations（発送除外国設定）

ここでは、**特定の国や地域を発送除外国として設定して、販売対象から外すことができます**（図4－15）。任意の項目ですが、これは設定したほうがよいでしょう。例えば、運送会社の都合で発送ができない国や、送料が割高な国を除外しておく、という形で使います。

どちらの場合も、運送会社等が情報を公開していますから、その情報で判断します。一般的に日本からは南米やアフリカへの送料は高いです。

また、［PO Box］（私書箱）の場合は、運送会社が受け付けてくれないことがありますので注意が必要です。

この場合も設定が終わったら、画面右上の［Done］を押さないと登録されませんので、注意しましょう。

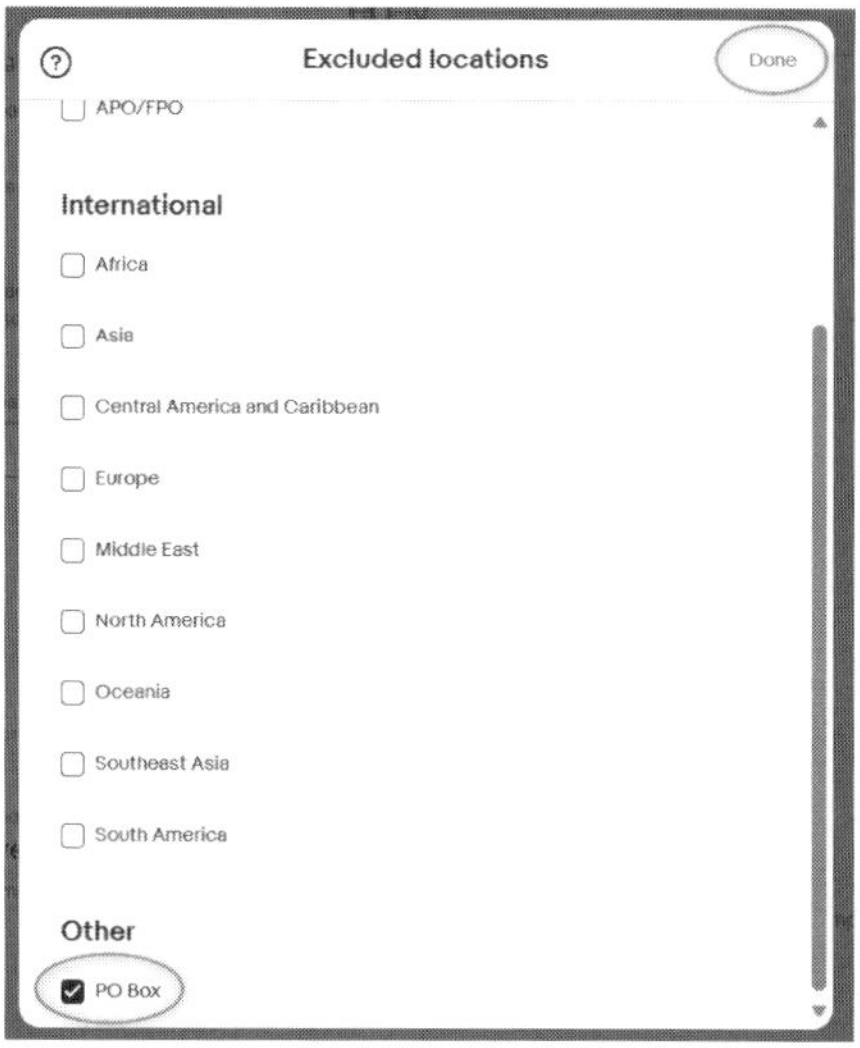

図4－15

◆PROMOTED LISTINGS（成果報酬型の広告設定）

これはプロモーテッド・リスティングと読みますが、販売促進を行うための広告設定です。**使う場合と、使わない場合とを比較すると、売れ行きには雲泥の差が出ます。**

ただ、eBay のアカウントを取得した直後は、使うことができない仕様になっているので、その場合は初出品からしばらく（数か月）経過してから使うようにしましょう。最初は少

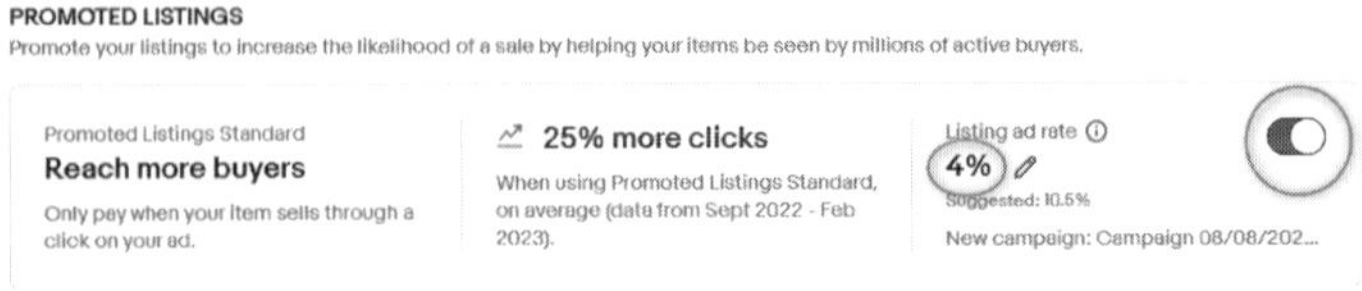
PROMOTED LISTINGS
Promote your listings to increase the likelihood of a sale by helping your items be seen by millions of active buyers.
Promoted Listings Standard
Reach more buyers
Only pay when your item sells through a click on your ad.
25% more clicks
When using Promoted Listings Standard, on average (data from Sept 2022 - Feb 2023).
Listing ad rate
4%
Suggested: 10.5%
New campaign: Campaign 08/08/202...
図4−16

し我慢です。

広告費は、商品ごと（1出品ごと）の売上と送料の合計額に対する一定割合を、事前に設定して決めておきます。この広告費は売れない限り課金されませんので、販売者にリスクはありません。

高すぎても、安すぎてもよくないので、ある程度経験を積みながら、また同業者との意見交換等もしながら、適度な割合を探っていきましょう。図4−16では、4％と設定しています。

また、すべての商品に、この広告設定を行ったとしても、実際に売れた商品のリストを調べると、広告経由以外の販売実績（つまり広告が課金されない売上）も結構ありますので、その点も踏まえて、広告費割合を決めるとよいでしょう。

◆Payment（支払設定）

次は販売時の代金支払いに関する設定です。ここでやることはシンプルです。販売形態として［Buy It Now］を選択して、定額販売する場合には、［□ Require immediate payment when buyer uses Buy it now］**（即時支払要求）にチェックを入れておきます**（図4－17）。こうすることで、販売後に支払いされないというリスクから身を守ることができます。

eBayでは、販売と決済は、基本的には、別の操作として行われます。売れたからと言って、必ず入金があるわけではありません。もともとeBayが、出自としてオークションからスタートしたからでしょうか。オークションでは、入札しても、買えるかどうか終了までわかりませんから、支払いは、自分の落札が決定してから行います。その名残で、［Buy It Now］（定額販売）の場合でも、販売と決済が分けられているようです。

ただ、それでは販売者にとって不便なので、この機能が後から追加されたと推察します。なお、オークション販売の場合は、この機能（即時支払要求）は使えません。

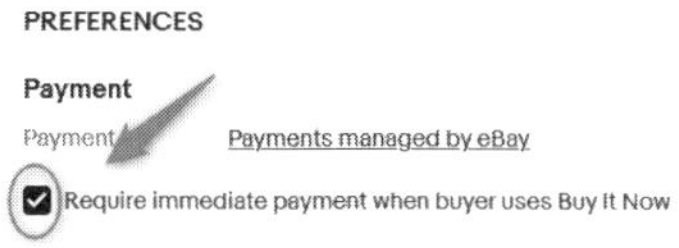

図4－17

◆出品直前のチェックと出品実行

以上、長いプロセスでしたが、実際に商品を出品するまでに残された課題は、最終チェックだけです。チェック事項としては2つあり、まず出品手数料の確認です。図4－18を見ると、$6.60という手数料

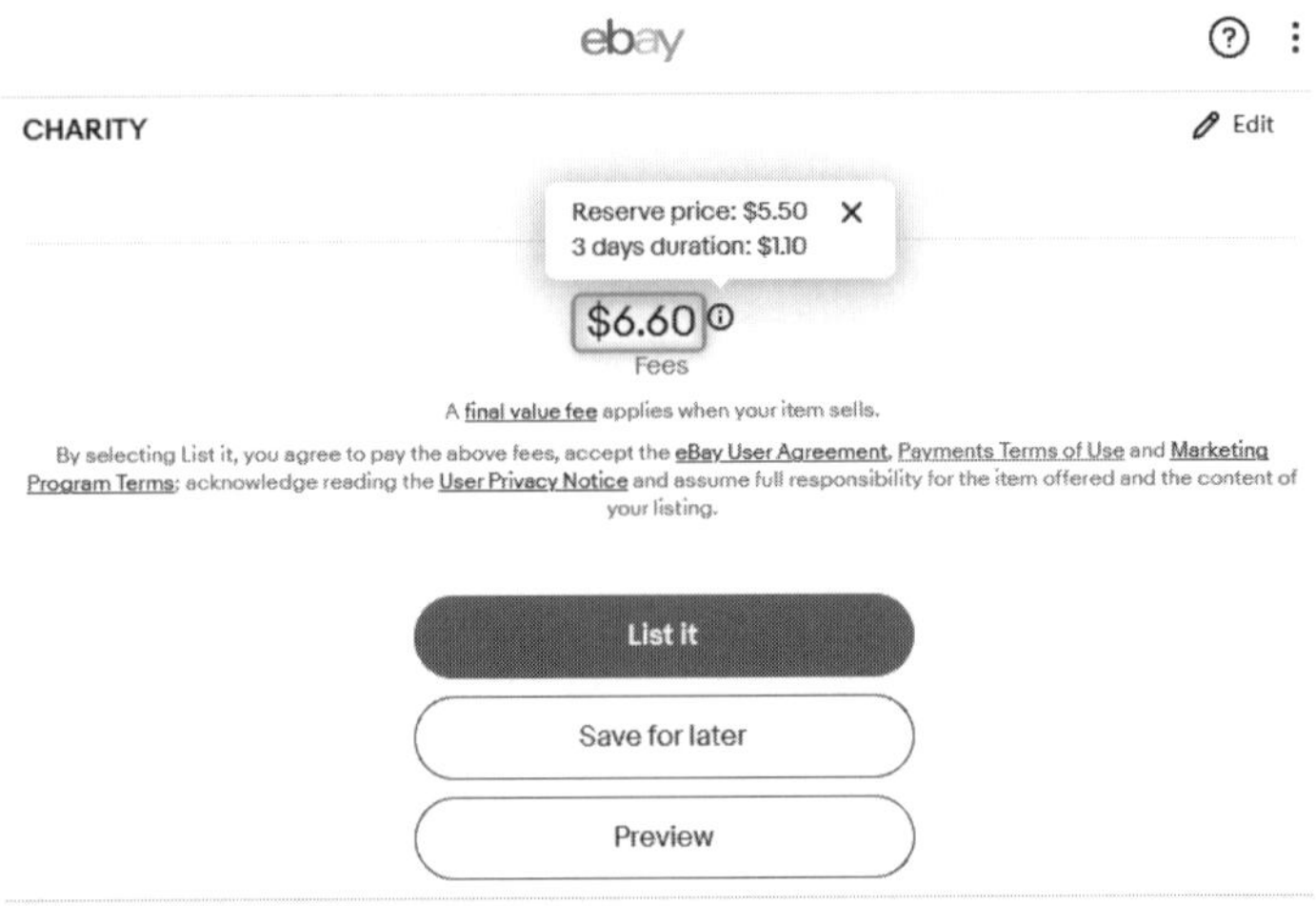

図4−18

の記載があります。右の「i」マーク（情報マーク）をクリックすると、$6.60ドルの内訳が表示されます。Reserve price $5.50、3 days duration $1.10 とあります。つまり、最低落札価格と、オークション期間が短いことによる追加手数料です。

最低落札価格を設定せず、オークション期間を5日以上にすれば、手数料はかかりません。必要に応じて設定を変更しましょう。なお手数料体系の詳細については、第5章で解説します。

もう一つの確認事項は、[Preview]（プレビュー）です。実際にお客さんが閲覧する画面を表示して、チェックをしておきましょう。操作は、先の図4-18の下部にある［Preview］を押すだけです。

以上のチェックを行って問題が無ければ、［List it］（出品する）ボタンを押して、出品完了です。

なお、長い出品プロセスなので、途中で休みたくなったら、保存ボタンを押しておけば、後で再開できます。その場合は、［Save for later］（一時保存）をクリックします。

◆出品の修正・取り消し

出品した後になって、商品説明の記載に誤りを見つけた場合や、値段を安く設定し直したい場合など、修正の必要性を感じることが、しばしばあります。また、商品に不具合が見つかるなど、一度出品した商品を、取り消したい場合も生じます。

このような場合には、次の経路で出品中の商品リスト画面である［Manage active listings］（P193の図4-20）にアクセスして、変更や、取り消しの手続を行います。

■画面最上段の［Sell］をクリック

↓

■セラーハブ画面上部左より［Listings］（出品リスト）タブにマウス・オン

■プルダウン・メニューから［Active］（出品中）をクリック（図4-19）　←

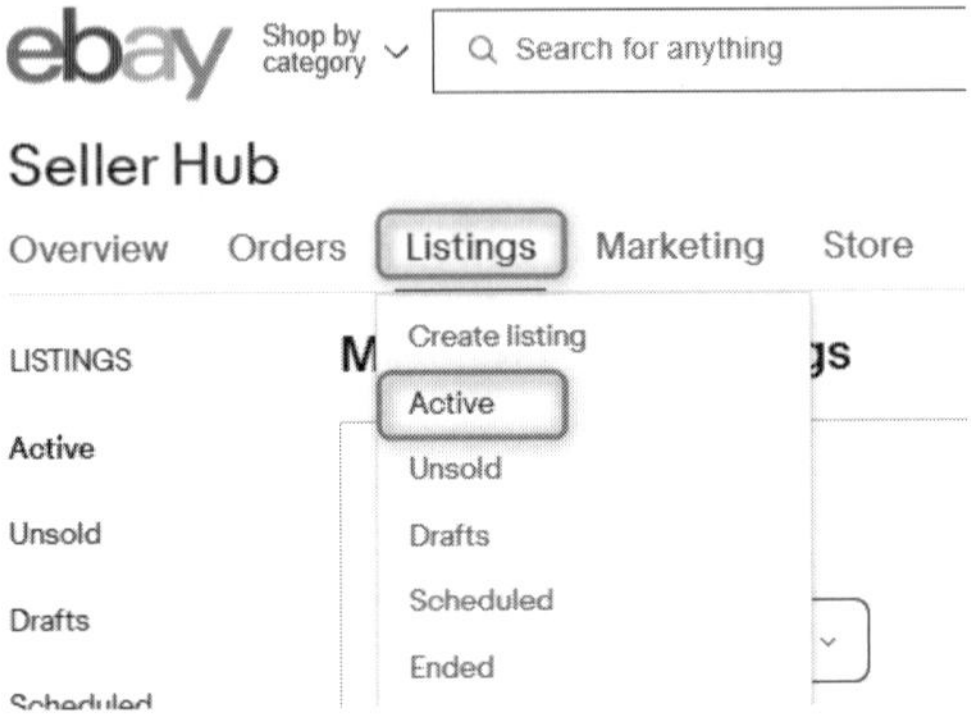

図4－19

すると、すでに出品中の商品リストを表示する画面にアクセス可能です（図4-20）。タイトルやサムネイル画像を見て、修正や取り消しを行いたい該当商品を見つけたら、Actionsの列にある［Edit］（編集）というメニューをクリックすれば、修正・更新が可能です。

また、［Edit］の右にあるプルダウン・メニューを開けば、End listing（出品を終了）をクリックして、出品の取り消しが可能です。

このほかによく使うメニューとしては、［Sell similar］（類似出品）があります。これは、既存出品をコピーして、次の新規出品を行う方法です。

［Sell similar］を使えば、既存商品の情報を活かして、出品ページを作れますので、ゼロから出品を行うよりも効率的に、出品を増やしていけます。

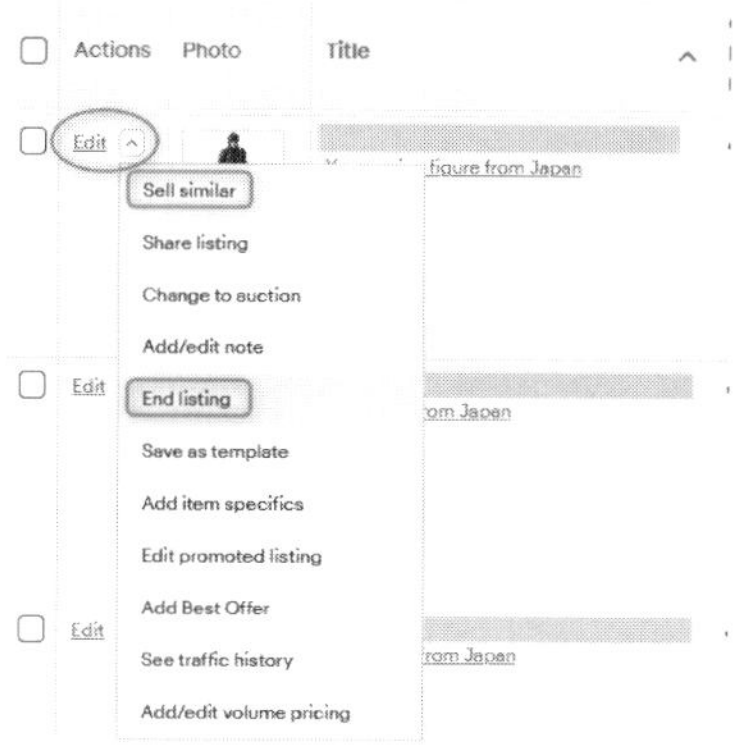

図4－20

以上、本節ではステップ③として、初めて出品される方を想定しながら、出品方法を解説してきました。任意の入力項目については、解説していないものもありますが、それらは初心者には重要性が低く、先々慣れてから使えばよいものとして、割愛しております。

まずは、ここに挙げた項目をしっかり入力して使えるようにし、販売実績を重ねてゆきましょう。なお、出品方法については、私のスクールのお役立ちサイトでもカラー画像など多用しながら、合わせて解説していますので、ご活用ください。左記QRコードからアクセス頂けます。

https://cool-japan7.jp/blog/eBay-listing/479/

ステップ④　初出荷

出品後は、売れるのを見守ります。余力があれば、追加で出品してもよいでしょう。売れたら出荷することになりますが、ここでも初心者が戸惑う点は多々あります。全体像を確認しながら、解説していきます。商品の販売から出荷完了までは、大きく以下のプロセスをたどります。

売上・入金の認識と出荷期限の確認▼梱包▼ラベル作成▼出荷▼追跡番号入力と出荷報告

以下では、この流れに沿って、個別の項目ごとに解説していきます。

◆売上・入金の認識と出荷期限の確認

まず、売れたことを認識しないことには、出荷プロセスは始められません。通常はeBayに登録したメール・アドレスに売れたことを通知するメールが届きますので、それで認識できます。メールを見落とさないように、**1日1回は確認をしましょう。**

ここで大事なことですが、前述の通りeBayでは、販売と支払いが、必ずしも同時に行

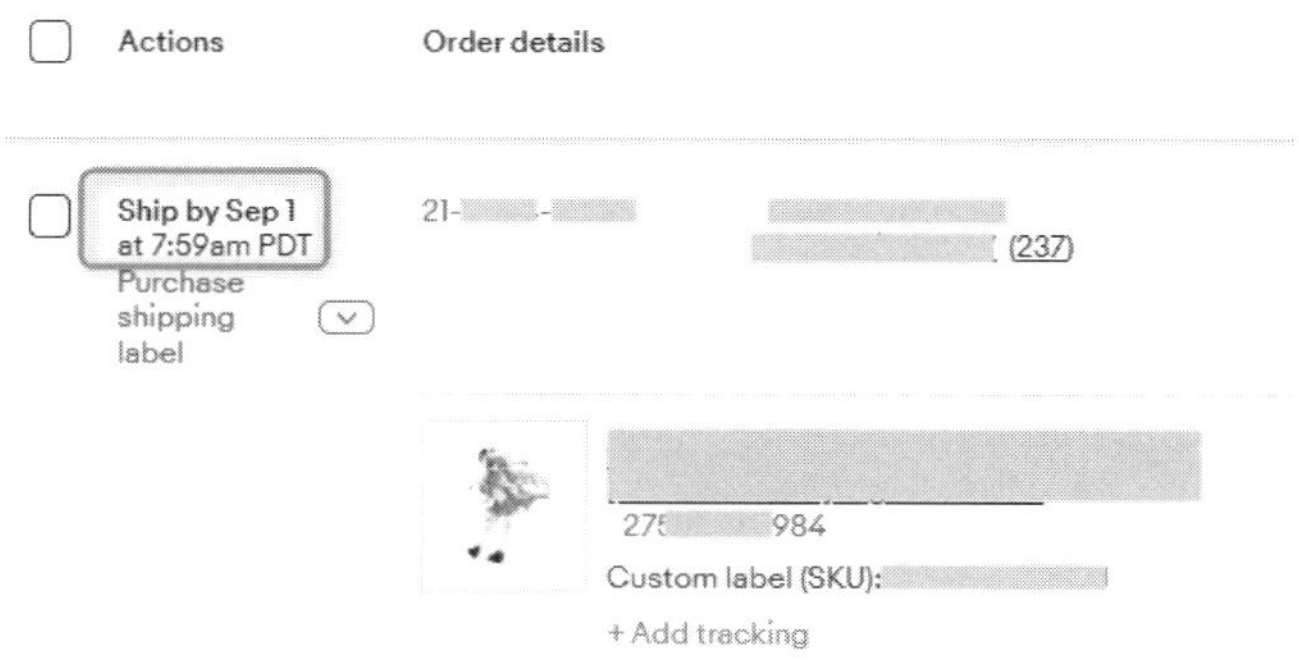

図4－21

われるとは限りません。**届いたメール本文の冒頭で「Your buyer hasn't paid yet.」（お客さんはまだ払っていません）と記載があれば、必ず支払いを待って、それを確認してから、出荷**します。

メール以外で、売上・入金を確認する方法として、eBayの管理画面内で、販売済み商品リストを表示する画面（図4－21）からも、売上の発生や入金の有無を確認できます。以下の順でアクセスします。

■画面最上段の［Sell］をクリック

↓

■［Seller Hub］画面上部左より［Orders］（注文）タブにマウス・オン

↓

■プルダウン・メニューから［All orders］をクリッ

ク

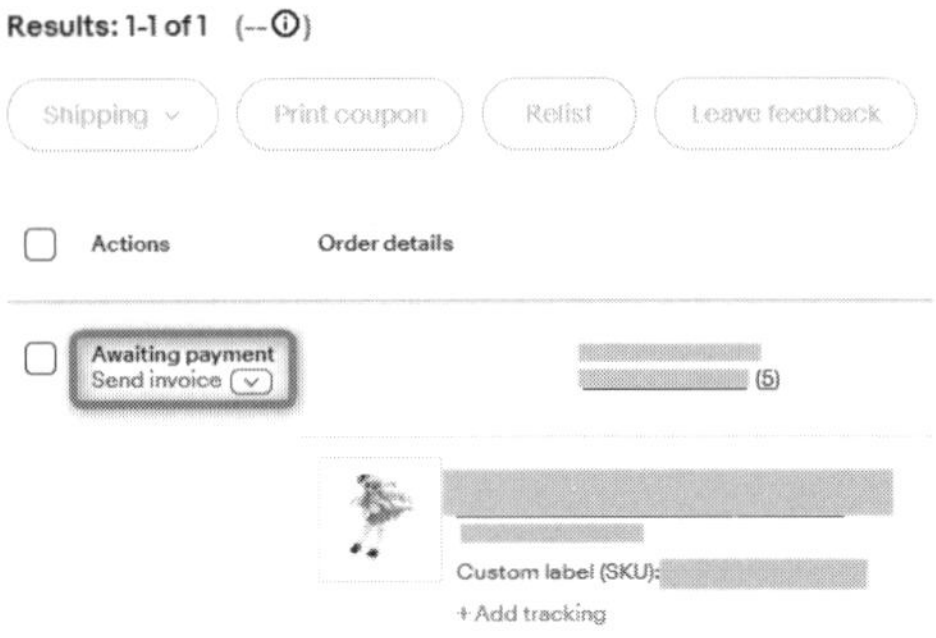

図4−22

すると、商品のサムネイル画像や、商品情報・注文情報等のリストが確認できます。

ここで図4−22の画像のように、［Awaiting payment］（支払い待ち）と表示されていれば、未払いということになります。通常は販売日の翌日までには支払いがされることが多いのですが、2、3日経過しても支払いが無ければ、図4−22にある通り、**［Send invoice］をクリックして、請求書を送ります。**

無事に支払いがなされると、［Ship by ○○］（○○までに出荷してください）と表示が変わります（前ページ図4−21）。ここまで確認したうえで、出荷手続きに入ります。

出荷は、期限までに行う必要がありますが、この期限は先に説明したハンドリング・タイムのことです。

◆出荷関連の操作メニュー

ところで、売れてから出荷までに、お客さんからメッセージが届いたり、先ほどのように請求書を送ったり、発送後に追跡番号を入力するなど、該当商品に対して様々なアクションを起こしていくことが必要になります。

そうした場合には、［Actions］列のプルダウン・メニュー〈〉ボタンでメニューを開き、メニューが開くと、〈ボタンに表示が変わります〉から、必要な操作メニューを選択します（図4－23）。

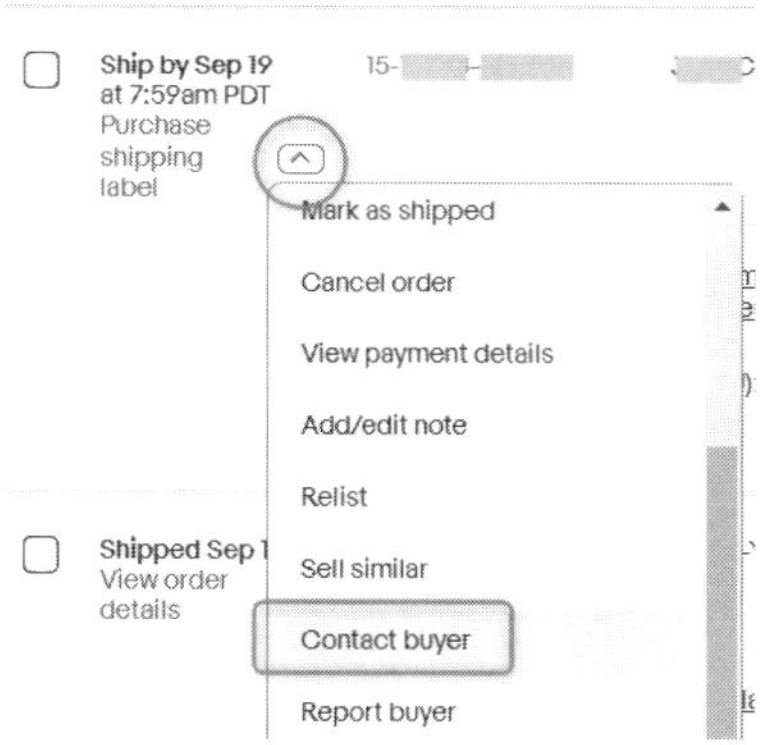

図4－23

特に重要なのが、**［Contact buyer］（お客さんに連絡する）です**。出荷に必要な情報が不足していたり、発送直前に商品に不具合が見つかった場合に、対応を相談するなど、しばしば必要になるメニューです。

プルダウン・メニューの中では、［Cancel order］（注文をキャンセルする）というメニューも、時として必要になります。先ほど話題に出た未払いのケースで、4日以上経過しても支払いが得られないときは、お客さん都合としてキャンセルが可能です。そうでない場合は、販売者都合でのキャンセルになります。そうなると販売者としての成績表（セラー・ダッシュボード）に減点がつきますので、気を付けてください（詳細は第5章）。

さらに、プルダウン・メニューの内部または左側にある［View order details］（注文の詳細情報を見る）も重要です。**注文に関する詳細情報として、お客さんの氏名・住所などの個人情報や、手数料計算の概要などを閲覧・確認できます。**

なお、プルダウン・メニューの上側に、2桁—5桁—5桁で並ぶ番号がありますが、そこをクリックしても、同じ画面（注文の詳細情報）にアクセスできます。

こうした様々な操作メニューを使いながら、臨機応変に出荷手続きを進めていくことになります。このメニューについては、スムーズな出荷のために、重要な機能になりますので、何のメニューが、どこにあるか、すぐに見つけられるよう、実践の中で触りながら、徐々に慣れていきましょう。

◆梱包する

梱包に当たって注意すべきことは、安全性と経済性の両立です。商品が壊れないように、緩衝性が確保できるだけの空間が梱包箱内に必要です。他方で、同じ重量でも、梱包箱が大きくなると、送料が高くなるケースがあります。このため、両者のバランスを取りながら、適度な大きさの箱を選択して梱包しましょう。

ここで重要なことは、**重量が同じでも、梱包箱の容積が大きくなると、割増料金を請求**されることがあるということです。この仕組みを容積重量計算と呼びます。

容積重量計算では、まず5000ccを1キログラムとみなして、これを容積重量とします。次に、容積重量と、実際の重量である実重量を比較して、重い方の重量を基準に、運賃テーブルをあてはめます。

例えば縦24×横16×高さ15（cm）の梱包箱なら、5760ccですから、5760／5000＝1・152kgです。これを容積重量とします。実重量が仮に0・5kgだとしても、1・152kgという割増のみなし重量で、運賃テーブルの料金が決まるのです。

DHLやFedExでは、容積重量計算が適用されます。郵便局のEMSは、多少割高ですが、容積重量計算が適用されないので、**箱の大きさによっては、EMSの方が安くなるケースもあります。**こうした違いを意識しながら、運送会社を選択していくと、支払い送料を節約できます。

◆発送ラベルの作成

梱包したら、サイズと重量を測定すれば、その情報をもとに、発送ラベルが作れます。発送ラベルは、各運送会社別に、ラベル作成サイトが用意されていますが、通常は契約時に案内を受けることができるでしょう。運送会社のラベル作成サイトの利用に当たっては、必要なら電話で日本語のサポートを受けることもできますから、初心者には非常に頼もしい存在です。

ただ、運送会社のラベル作成サイトを使う場合には、宛先であるお客さんの氏名や住所などを、手入力せざるを得ない場合もあり、手間が発生します。そこで、eBay側に表示されるお客さんの個人情報と、運送会社の運賃情報をシステム連携して、自動的に発送ラベルが作れるツールをご紹介します。

それがＳＨＩＰ＆ＣＯ（https://www.shipandco.com/ja/）です。

日本の会社が運営していて、メールで日本語によるサポートも受けられます。

販売者が入力する情報は、基本的には、サイズと重量だけです（その他、必要に応じて内容物の名称を修正したり、保険を利用する場合には保険金額を入力します）。

このツールが優れているのは、**単に手間や、ミスを減らせるだけではなく、複数の運送**

会社の見積もり運賃を比較して、相見積もりが瞬時に得られる点です。

ＳＨＩＰ＆ＣＯや、運送会社サイトで、発送ラベルができて、印刷までできたら、各社指定の封入袋に発送ラベルを入れて梱包箱に張りつけます。これで出荷準備完了です。

◆出荷

出荷するには、運送会社の窓口に持ち込むか、集荷を依頼するか、どちらかの方法で、運送会社に品物を引き渡します。

ＤＨＬやＦｅｄＥｘの窓口は、大都市圏や都心近郊に集中しており、他の地域では窓口の数が限られます。そのため、集荷を依頼する人も多いでしょう。

どちらも営業日や営業時間、集荷依頼の締め切り時間があります。段取りよく出荷するためにも、事前に確認しておきましょう。

これに対して郵便局やヤマト運輸の窓口は、全国各地にあり、土日も営業していることが多いです。副業で実践する人は、集荷の時間帯は本業で忙しいというケースもあるでしょうから、多少運賃が割高であっても、発送方法の選択肢に入れておくと、柔軟な取り組みが可能になります。**商品ページは、こういった運送会社の違いも踏まえながら、作っていくことになります。**

なお、商品の発送は、事前に発送代行業者に預けておいて、売れたら連絡一つで出荷してもらうことも可能です。代行手数料は必要になりますが、取り組み方の選択肢にはなるでしょう。ただ、仮に発送代行会社を使う予定であったとしても、自社事務所や自宅から、自分で発送する練習はしておいた方がよいでしょう。

◆追跡番号の入力

出荷が終わったら、追跡番号の入力です。発送ラベルに記載がありますので、それをeBayの管理画面上に入力します。本節冒頭でお伝えしたアクセス経路に従い、All ordersの画面から、該当商品のプルダウン・メニューにアクセスして、［Add tracking number］を選択すれば、入力可能です。

追跡番号の入力が終わったら、その時点でeBayからお客さんにメールで連絡が届き、出荷されたことが通知されます。しかし、この**自動通知メールだけで終わらさずに、お客さんに対して、一言でよいので出荷済みの連絡を入れることが大事**です。

商品を購入頂いたことへのお礼、出荷が終わったことの報告、追跡サイトのＵＲＬと、追跡番号、この4点を盛り込んだメッセージを送っておくことで、お客さんの心象等が、格段に良くなります。

ステップ⑤ リミット・アップ申請

商品がお客さんの手元に届いたら、リミット・アップ手続きに入ります。本節では、eBayのアカウント・タイプとして、ビジネス・アカウントを前提に解説しました。ビジネス・アカウントの場合は、イーベイ・ジャパンが運営するサイト「セラーポータル」(https://eportal.ebay.co.jp/portals)を使って、リミット・アップの手続きを進めると、便利です。日本語でやり取りできますし、リミット・アップの幅も大きいようです。

セラーポータルにログインした後で、問い合わせメニューから、「リミット・アップしたい」旨の連絡を入れれば、折り返し手続きの案内が届きます。後はそれに従って、必要な情報・資料を提出する運びとなります。

パーソナル・アカウントの場合は、以下の経路で〔Seller Hub〕の〔Overview〕画面にアクセスして、以下の手順で手続きを進めます(次ページ、図4-24)。初出品から30日以上経過すると手続きが可能になります。

■画面最上段の［Sell］をクリック

←

■［Seller Hub］画面上部左より［Overview］タブをクリック

←

■［Monthly limits］という見出しの表示エリア内にある［Request to list more］をクリック

（※この手続きは、ビジネス・アカウントの場合でも利用可能です）

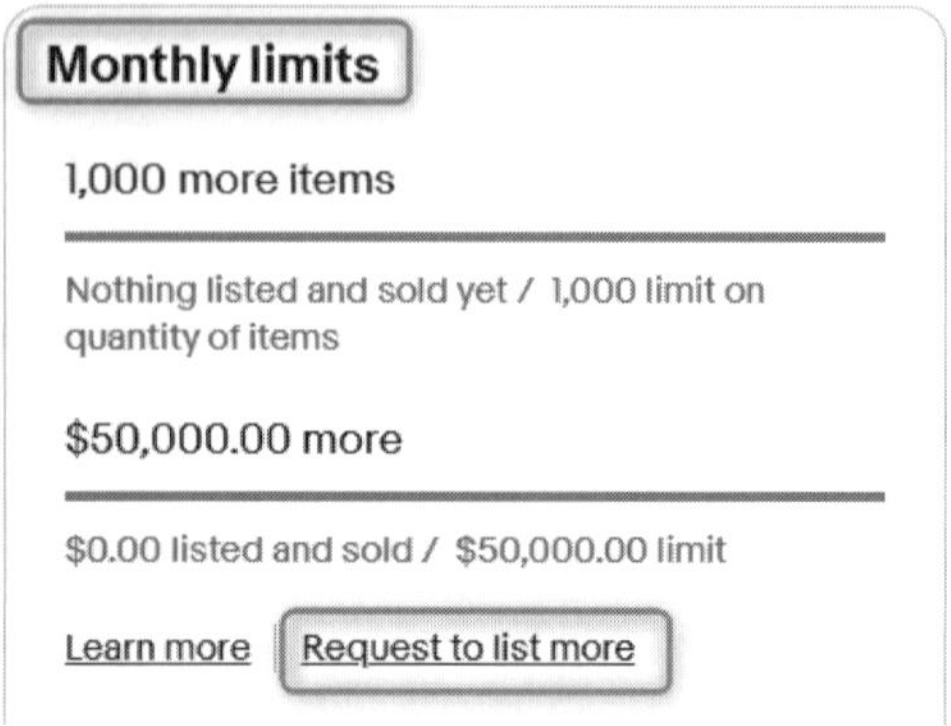

図4－24

その後は、画面の指示に従って、必要な情報提供を行えば、リミット・アップできます。

なお、本書執筆時点のリミット・アップ申請の状況としては、（特に、ビジネス・アカウントで、セラーポータルを使った場合に）eBay事務局側の比較的積極的な姿勢を感じます。ビジネス・アカウントについては、アカウント取得直後の段階で、つまり、リミット・アップ申請を行う前から、自動的にリミット・アップしているケースも散見され、その数量や金額も、以前よりも気前の良い数字が出るケースが増えてきました。このような場合には、その後当面の間、リミット・アップの手続き自体が不要になるケースもあります。

他方で、時期や状況によっては、1回のリミット・アップでは、希望する出品数・出品金額が得られないというケースもあり得ます。その場合には、2回、3回とリミット・アップ手続きを繰り返して、少しずつ増やしていく構えが必要になります。**2回目以降のリミット・アップの条件は、直前のリミット・アップから30日以上経過していること、すでに与えられているセリング・リミットの半分以上の出品を行っていること、の2点です。**

出品と出荷の流れが理解・実践できるようになったら、あとは出品を増やしていくことが、その後の課題となり、皆さんの越境ECもいよいよ本格的な、外海での航海が始まることになります。本章の学びをもとに、出品の拡大と、売上の拡大を成し遂げて行きましょう。

第5章

売上・利益管理、返品対応のリアルノウハウ

本章では、越境ＥＣの実務を一層実りあるものにするために、やや応用的な論点も交えながら、eBayをさらに掘り下げて、アカウント運用面の実務を解説していきます。

リミット・アップができて、出品も増やせるようになってくると、次に課題となってくるのが、売上と利益の拡大です。また、売上が伸びて利益も増えてくると、クレームを頂く場面も出てきます。顧客対応をこなしながら、販売者として適正な事業活動を継続していく必要があるのです。このような壁を順に乗り越えて行く必要があります。

そこで本章では、第1に、利益計算において重要な要素となる手数料体系を基礎として学びつつ、業績の管理をどのように行っていくかを説明します。第2にeBayにおけるクレーム処理の基本を学び、どうしたらスムーズに解決していけるかを解説していきます。最後に、販売者としての成績表であるセラー・ダッシュボードや、その結果としての販売者格付けの最高峰ＴＲＳについて取り上げて、越境ＥＣ実践上の指針を示します。

eBayの手数料体系

eBayの手数料体系を理解するには、**手数料がどのタイミングで課金されるかという点**

で整理することが大切です。この観点からは、手数料は次の3つに大別されます。

1. 出品時に課金（Insertion Fee）
2. 販売時に課金（Final Value と Ad fee）
3. 毎月課金（Store Subscription Fee）

この3種類の手数料は、相互に影響している部分があり、その関係を理解することが、eBay の手数料体系を理解することにつながります。

まずは1つ目から。出品時に課金される手数料の代表例ですが、Insertion fee（出品手数料）と、出品に関係するオプション手数料です。

出品手数料は、毎月1出品ごとに請求される手数料ですが、実務上はあまり問題になりません。というのは、**毎月250個までは無料枠が用意**されているからです。この無料枠に収まる出品数（陳列数）なら、出品手数料は課金されないのです。

さらに、3番目の毎月課金される手数料（ストア手数料）との関係で、この250個という無料枠は、最大2万5000個まで拡大されます。このため、eBay の実務においては、今自分は無料枠がいくつまであるか、その無料枠をいくつ消化しているか、という2点に意識が向き、出品手数料の金額は、それほど意識に上ることは多くないのです。

2つ目の販売時に課金される手数料の代表が、Final Value Fee（落札手数料）です。FVFと略して書かれることもあります。

これは、商品が販売される都度、その商品の売価と、お客さんに負担頂く送料等の合計額に対する一定割合の手数料が課金されます。一定割合と書きましたが、この割合は商品カテゴリーによって、異なります。**売れなければ、課金されません。**

FVFという名前の由来は、eBayがオークションサイトとして始まったことにあると推察されます。オークションでは、入札価格が徐々に競り上がっていきますが、その最後の価格が販売価格になるからです。そういった経緯で、定額販売（即決販売）の場合でも、販売手数料は同じようにFinal Value Feeと呼びます。

合わせてAd fee（広告費）も販売時に課金されますが、これはPromoted listingの費用です。Promoted listingは、第4章の出品方法の説明の中で、成果報酬型の広告として、すでにご案内しました。FVFと同様に、売上等に対する一定割合がAdd feeとして課金されます。一定割合は、販売者自身で決められますが、利用する場合は2％以上が要件となっています（執筆時点）。利用しないことも可能ですが、販売促進効果が高いので、利用をお勧めします。

3つ目の手数料は、Store Subscription Fee（ストア手数料）です。これは、月額固定の手数料で、いわゆるサブスク払いの手数料です。ストア契約をすることで、月額固定費となるストア手数料の支払い義務が生じますが、費用以上の効果があります。

例えば、先述の通り、出品手数料の無料枠が増えます。さらに、Basic以上のストア契約をすると、落札手数料が割り引かれます。

具体的には、私が得意とするカメラ・カテゴリーの販売手数料は、Basic契約を前提にすると、1商品につき9％です。ストア契約をしない場合や、Basicより安いStarter契約の場合は、13・25％です。Basic以上のストア契約したほうが、その差は4・25ポイントも割安だということです。

Basicストアの月額費用は、月間契約で27・95ドルなので、これを4・25％で割り戻すと、約658ドルです。つまり月間売上が658ドル以上なら、ストア契約の月額費用を払った方が、ＦＶＦの割引の方が大きくなり、お得になるということです。６５８ドルは、きちんと実践する人なら、大抵は達成可能な売上水準です。

さらに、年間契約だとBasicストアの月額費用は21・95ドルです。この場合、月間売り上げが約５１７ドル以上なら、ストア契約をした方がお得になります。

以上、eBayの代表的な3つの手数料と、それぞれの間の関係を説明しました。カテゴリー別の落札数料率や、ストアの種類別の無料枠や月額費用などの具体的な情報は、eBayのヘルプページである左のＵＲＬで確認頂けます。たまに改定されますので、折を見て確認が必要になります。

https://www.eBay.com/help/selling/fees-credits-invoices/store-fees?id=4809

以上の理解を前提に、実際の商品に課金された手数料を確認してみましょう。

手数料明細の読み方

手数料を読み解くには、まずは手数料の明細画面にアクセスする必要があります。

■画面最上段の［Sell］をクリック
←
［Seller Hub］画面上部中央より［Payments］にマウス・オン
←
■プルダウン・メニュー内にある［All transaction］をクリック
←
■入金済み商品の一覧（図5-1）が表示されるので、該当商品・右隅の［View］をクリック

※画面上で同じ商品が2つ表示される場合は、Ad fee（広告費）が課金されている場合です。図5-1では、上段の金額がAd feeで、下段が販売手数料です。

8:48:40 AM
Ad Fee Standard for order 12-
Item
Completed
-$16.16
-$16.16
$397.56
View
8:45:20 AM
Order 12-
Processing : to be completed on Sep 17
$382.51
-$62.53
$319.98
$415.72
View

図5－1

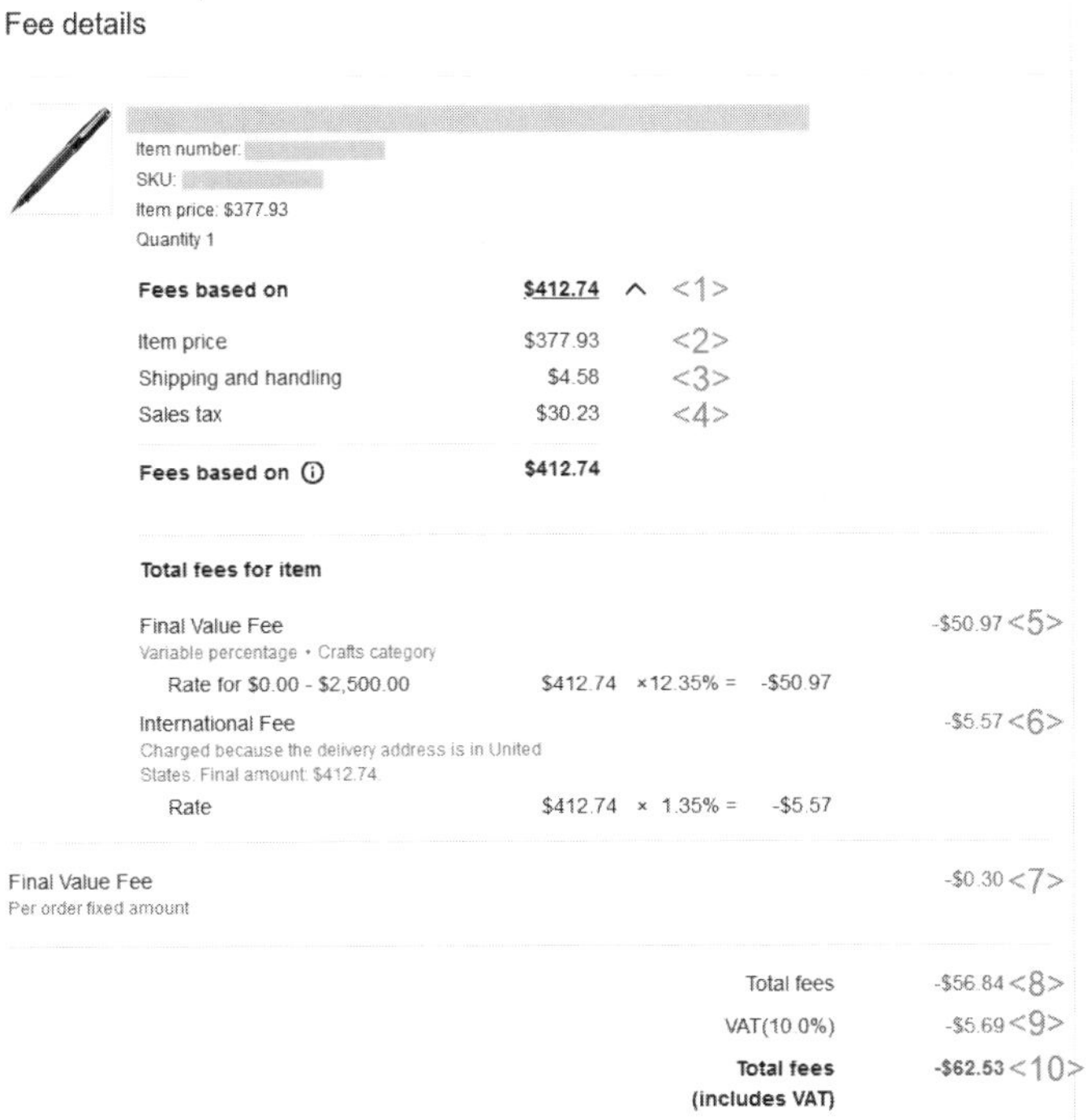
Fee details
Item number:
SKU:
Item price: $377.93
Quantity 1
Fees based on $412.74 <1>
Item price $377.93 <2>
Shipping and handling $4.58 <3>
Sales tax $30.23 <4>
Fees based on $412.74
Total fees for item
Final Value Fee -$50.97 <5>
Variable percentage • Crafts category
Rate for $0.00 - $2,500.00 $412.74 ×12.35% = -$50.97
International Fee -$5.57 <6>
Charged because the delivery address is in United States. Final amount: $412.74
Rate $412.74 × 1.35% = -$5.57
Final Value Fee -$0.30 <7>
Per order fixed amount
Total fees -$56.84 <8>
VAT(10.0%) -$5.69 <9>
Total fees (includes VAT) -$62.53 <10>

図5－2

以上の経路で、手数料の計算明細にアクセスします。すると図5-2の画面が見えますので、これを紐解いていくことになります。

図5-2で〈1〉が、手数料の課金対象となる基準金額です。その内訳が〈2〉〜〈4〉で合計すると〈1〉と一致します。〔〕マークのボタンで、内訳を表示できます。

〈2〉は販売価格、〈3〉はお客さんに負担してもらうために頂戴した受取送料、〈4〉はお客さんが自国政府に支払う売上税等で、eBay が徴収の上、政府に納付します。

〈4〉の税金について販売者に手数料が課金されるのは、違和感がありますが、そのようなルールで運用されています。

〈5〉はFVFで、この例では基準金額〈1〉に対して12・35％で計算されています。

〈6〉は米国人以外が、eBay で販売することに対して課金される手数料で International fee（海外手数料）です。販売手数料の一種と考えてよいでしょう。ここでは基準金額である〈1〉に対して1・35％で課金されています。

〈7〉は1販売ごとに課金されますが、〈1〉の金額の大小に関係なく、0・3ドルです。

以上、〈5〉〜〈7〉の合計が、〈8〉になります。〈9〉では、**〈8〉の金額に対して10**

%の税金が課金されています。これは日本の消費税です。海外企業であるeBayが徴収しています。消費税還付を受ける人は、この点を税理士さんに伝えておいた方がよいでしょう。

以上のように、eBayの管理画面の情報から、手数料を把握することが可能です。ペイオニアでの両替・送金システムが導入されてから、eBayの手数料体系は、大きく変更されましたが、次節で取り上げる利益計算上も、重要な論点のため、解説を加えました。

eBay輸出の利益計算

手数料が把握出来たら、次は利益計算です。利益計算は、売れた商品の1個1個について、以下の式をあてはめて計算します。

◆販売価格＋受取送料－販売手数料等－仕入原価－支払送料＋消費税還付＝限界利益

受取送料は、お客さんが負担する送料相当分ですが、他方で販売者が運送業者に支払う送料が、支払送料です。受取送料は、出品時に販売者の判断で設定できますし、支払送料は、運送会社からの請求書で確認できます。

また、**販売手数料等というのは、前節で解説した手数料と広告費を合わせたもの**です。eBayの管理画面（図5-2）から、数字を把握できます。なお、月額固定費となるストア手数料は、この計算式には含めません。数字を把握できます。また、「販売」手数料（FVF）ではなく、「出品」手数料（Insertion Fee）の方については、無料枠を超えて課金される場合には、それは固定費（後ほど詳述）としますので、この計算式には入れていません。

業績管理を行うに当たっては、売れた商品一つ一つについて、この計算式を当てはめて、利益計算をしていくと、取引ごとの成果が見えて、モチベーションがとても湧いてきます。

また、この式を使って、エクセルなどの表計算シートの1行につき1商品の利益計算を積み上げていくと、業績を一覧できて便利ですし、自身のモチベーション・アップや、周囲の協力を得るためにも、大事な情報です。本書では、この一覧表を利益計算書と呼びます。

特に初心者のうちは、出品数も少なく、結果的に売れ行きもそれほど多くない期間が、数か月にわたって続くこともあります。数日に1個など、ゆっくりとしたペースでの売り上げの場合、「売れている」という実感がわきにくく、モチベーションが高まらないことが多いのですが、ここで利益計算書を作って、1か月ごとの利益を集計していくと、後になって、思いのほか利益が蓄積されていることに気づくことがあります。

特に、時系列で比較して、毎月少しずつでも売上、利益ともに伸びていることが実感できると、「来月も頑張ってみよう」という気持ちも高まってきます。さらに、ある程度売れ行きが伸びてきたら、毎日売れるたびに、利益計算書に実績を付け加えていくと、モチベーションを切らすことなく、越境ECの実践に弾みがついていきます。

目標売上高を計算してみよう(まずは黒字化を目指す)

先の利益計算の式では、限界利益を求めました。限界利益という言葉は、多くの人にとって聞き慣れない言葉かもしれませんが、正式な会計用語なのです。税務申告や、制度会計ではあまり使われませんが、企業の内部管理で使われる会計用語です。

商品が1個売れたときに追加的に増える利益が、限界利益です。経済学を勉強したことがある人は、限界費用とか、限界効用という言葉を、聞き覚えているかもしれませんが、同じ意味の「限界」です。英語ではMarginalなので、「限界」と訳すと日本語的にはあまりピンときませんが、商品が1個売れたときの「追加利益」と言い換えたほうが分かり易いでしょう。

さて、先ほどご紹介した限界利益の計算式には、ストア契約などの月額固定費が含まれていませんでした。そのため、1個売れていくらの利益（限界利益）が出たかを把握するだけでは、不十分です。毎月の限界利益の合計が、月額の固定費を上回っていないと、赤字になってしまうからです。

ここで、固定費というのは、売上と連動して変動しない費用をいいます。仕入原価や、販売手数料は、売上に比例して増えて（変動して）いきますし、支払送料も同様に売上に応じて増えていきます。このように、売上に連動して変化する費用は、変動費と呼びます。

他方で、ストア契約の費用が固定費の典型ですが、他にはインターネットに接続する通信費も、eBayの売上とは関係なく一定なので、固定費に該当します。

限界利益が、固定費と同じ金額になるまで積み上がってやっと、赤字脱出、黒字化です。

さらにそこを超えて、限界利益を積み上げていくことで、固定費を超えた分が、営業利益

（越境ECという営業活動から生まれる利益）として残るのです。

最低限の売上目標としては、まずは赤字にならない売上高をクリアするところが、初心者にとっての一里塚になります。では、そのような売上高は、どうやって計算したら良いか？　そこで使うのが限界利益率です。赤字にならない売上とは、限界利益の合計＝固定費という条件を満たす売上です。そして、限界利益の合計＝売上高×限界利益率です。

2つの方程式をまとめて、①売上高×限界利益率＝②限界利益の合計＝③固定費、となる売上高を計算すればよいわけです。つまり右の式を変形すると、①と③から、固定費／限界利益率＝目標売上高となるのです。

なお、限界利益率は、数か月eBayを実践して、蓄積した利益計算書から実績値の平均として求められます。

この計算式で求めた目標売上高において、赤字から黒字に転換します。まずは、この目標売上高を目指して、商品の出品数や陳列数等のインプット水準を設定すれば、よいことになります（アウトプットである売上高は、陳列数や出品の頻度に、概ね比例します）。

こう考えて実践することで、損せずに事業を継続できるようになるのです。

なお、ここで計算した黒字と赤字の境目となる売上高を、経営分析の世界で、損益分岐点売上高と呼びます。また、ここで示したように費用を、変動費と固定費に分類して、限界利益（率）を計算しつつ、固定費との比較から、必要な売上高を算定する手法を、損益分岐点分析と呼びます。

利益計算といっても、過去に稼いだお金をカウントして満足するだけではなく、次の目標を定めて、日々のタスクを明確にする、つまり業績管理のために役立つ未来志向の（目標設定に役立つ）情報を抽出することができるのです。

そのためのスタート地点となる手法が、損益分岐点分析であり、利益計算書なのです。ここでは、初心者の方に分かり易いように利益計算書と呼んでいますが、会計の世界では、正式には「変動損益計算書」と呼びます。

越境ECで会社の給料を超える利益を稼ぐ方法

前節では黒字化を目標にしましたが、それは初心者のごく初期の時点で考える目標です。ある程度の期間にわたって、損益分岐点の売上高が達成できるようになったら、次はご自身が描く目標利益を達成できる売上高を追求していくことになります。

例えば、会社の手取り月給と同じ水準の営業利益（限界利益－固定費）を目標にするとして、ここでは37万円としましょう。収支トントンの場合は、限界利益＝固定費という条件での計算でしたが、固定費を超える利益が37万円ほしい場合には、限界利益＝（固定費＋37万円）という条件になります。

これを計算式で表現すると、目標売上高×限界利益率＝限界利益＝（固定費＋37万円）です。右の式を変形すると、目標売上高＝（固定費＋37万円）／限界利益率となります。

ここで、仮に固定費が月に３万円で、売上高限界利益率が過去の実績から25％だとすると、目標売上高＝（３万円＋37万円）／０・25＝１６０万円という計算になります。

このような目標設定を行うことで、それに必要なインプットとしての行動計画も、立てられるようになってくるでしょう。


インプットとしては、陳列数や出品頻度になりますが、**利益計算書と同時に、毎月の追加出品数や、平均的な陳列数を、数か月間にわたり記録を残しておきます。**

そうすることで、インプット（出品頻度や陳列数）と、アウトプット（販売数・売上高）の比例関係を示すデータが蓄積できます。

そのような実績データから、目標売上を達成するのに必要な出品数＝仕入れ数が見えてきますので、毎月いくつの仕入れや、出品が必要か、行動計画を立ててゆくのです。こうすれば、自分の業績について、インプット・アウトプット両面から、計画値と実績値を比較して、管理して行けるようになります。

仕入れを増やす秘訣と絞り込む基準

仕入れの目標数が見えてきたら、後は仕入れを増やし、出品・陳列数を増やしていくことが、日々の課題になってきます。ここで、どんな商品を仕入れたらよいかが、改めて問題になってきます。

第2章でお伝えしたように、eBay セラーポータルで掲載される人気検索ワード TOP 100や、カテゴリーランキングを参考にしながら、ご自身に興味のあるメーカーや、モデルを選んで、販売に取り組む商品を拡大していくことが可能です。

このような情報に触れていくと、たくさんの商品があることが分かりますが、その結果、情報が多すぎて、「私は何を売ったらいいでしょうか？」とご相談を受けることもあります。

そこで、ここでは商品を絞り込む基準をいくつかご紹介しています。

◆小さいサイズ

第４章でお伝えした通り、売れた商品は運送会社を使って出荷しますが、その際には容積重量計算が適用されます。そのため、大きな商品はかさばって、送料が割高になることが多いです。お客さんが送料を負担するにしても、送料が高ければ、それだけ購入のハードルが高くなります。そのため、サイズが小さく、容積重量が適用されにくい品物を優先的に扱うことがおススメです。

◆安すぎない価格帯

利益の額は、通常価格帯の大小に比例します。例えば、売値３０００円のA商品なら利益が３００円を超えることはないでしょう。仮に利益率が70％でも２１００円です。他方で、売値10万円の価格帯のB商品なら、利益率15％でも１・５万円の利益です。一般に、価格帯が上がるほど、利益率は下がりますが、利益の絶対値は大きくなるのです。

ここで、**１個売るのに必要な労力は、価格帯が上でも下でもあまり変わりありませんか**

ら、作業効率を上げるなら、価格帯の高い商品カテゴリーを選んだ方が、有利でしょう。

先ほどの数字で比較するならB商品は、A商品の7倍以上の効率（1・5万円／0・21万円）です。価格帯の低いA商品を選んでしまうと、作業量が増えてやりきれなくなる恐れがあるのです。

また、価格帯が上の方になると、商品価格に対して送料の金額が、お客さんから見て、相対的に小さく感じられます。その結果、容積重量のために多少割高な送料設定になったとしても、売れ行きが鈍りにくいという副次的なメリットも生じます。

他方で、価格帯の高い商品は、仕入れ値も上がってきますので、ご自身の資金量に見合う無理のない商品カテゴリーやモデルを選択していく、というバランス感覚も大事です。

この点、資金が限られる場合には、人気のある高価格帯モデルの「付属品」を狙うというノウハウがあります。付属品は、本体よりも低い価格帯となることが一般的ですが、人気のある商品の本体を買った人が、不足する付属品を買い求めることは多いのです。この手法は、低資金でも人気のある高価格帯マーケットの需要にアクセスするノウハウになるのです。コバンザメ商法といういい方もできます。

以上、商品ジャンルを絞り込む秘訣として、小さくて、安すぎないものを基準にして、取り組む商品を選択していくことをお伝えしましたが、その具体例としては、カメラや腕時計があります。小さいものが多く、容積重量が適用されるケースは限られます。交換用のレンズなら、握りこぶし程度の大きさのものが多いですし、カメラ・ボディや腕時計も手のひらサイズのものが多いです。価格帯も、1万円未満から、上は100万円を超えるものまで、大きな幅があり、資金量に応じて、柔軟な取り組みがしやすいカテゴリーです。カメラの方は付属品もたくさんあります。なお、腕時計（や貴金属類）については、真贋が問題になるケースもありますので気を付けてやりましょう。

さて、仕入れを増やすための取り組みに話を戻すと、**先行する同業者の陳列や、販売データを研究する手法**があります。

この点は、私の前著作『ネット個人輸出の成功マニュアル』第4章を参考にして頂けます。eBay のシステム・アップデートの影響は、ほとんど受けていませんので、今でも活用できる情報が多くあります。

前著作の中では特に、利益を残す仕入れ値の決め方が、重要なポイントです。先述した利益計算の式を多少変形して、利益が残る仕入れ値がいくらになるかという点や、eBayで誰でも閲覧可能な、販売の実績データから売値を予測して（3ステップ・ライバル・セラーリサーチ術や、Soldリサーチ）、仕入れ値の上限を決める手法、逆に仕入れるべきではない規制商品など、仕入れの実務に役立つ情報を多く盛り込んでいます。

本書では、限られた紙面の中で、できるだけ多くのポイント・情報をお伝えするため、前著と重複する記載はできるだけ控えるようにしています。よろしければ前著作も、合わせて是非ご活用ください。

返品依頼（リターン・リクエスト）への対処方法

アカウントを取得する、リミット・アップする、仕入れを増やして出品も増える、その結果、売上や利益も徐々に増えてきますが、ここにきて次の悩みが出てきます。

それは、「ときには返品の依頼が来る」、ということです。

最初に返品の依頼が来ると、がっかりしますし、不安にもなるでしょう。そこで、本書では、返金への対処方法を提示して、皆さんの越境ECの道標としておきたいと思います。最初にお伝えしておきたいことは、**「返品は恐れる必要はない」**ということです。もちろん返品は少なければ、少ないに越したことはありませんが、他方でゼロにもなりません。ある程度、返品を受け入れながら実践をしていくための、心の整理、心の準備が必要なのです。

その点で最初にお伝えしたい事実は、返品率です。私自身や、私の周囲のスクール受講生の数字を見ていると、返品率は概ね2％から、やや多くて5％くらいです。この返品率は、分母に過去12か月間の販売総数、分子に同じ期間の返品件数をおいて求めます。

たいていは2～5％の範囲に収まります。初心者で販売総数（つまり分母）が少ない場合は、計算の構造上、分母に対して分子が相対的に大きくなるので、返品率は7～8％まで一時的に上がることはあります。しかし、実践期間が長くなるに従い、取引総数がある程度増えれば、返品率は、先述した範囲に収まるようになります。逆に、返品率が継続的に5％を超えるような場合には、何か取り組み方の中に、構造的な理由が隠れている可能性が高いです。仕入れの時点で不適切な商品を仕入れているとか、商品説明で言葉が不足しているなどが、よくあるパターンですが、これは自覚すれば対処可能です。

実践が進んでくると、**95〜98%の取引が、正常な取引として利益が残りますので、返品が業績全体に与える影響は、軽微なものなのです。**

まずは、この点を大局観として持っておくことで、心の準備が整い、一つ一つの返品依頼に対して、冷静な対処ができるようになります。

返品要請の認識と、管理画面へのアクセス方法

お客さんが返品を依頼したいときに使う手続きが、リターン・リクエストです。これは、システム上の正式な手続きで、記録が残っていきます。お客さんと喧嘩せずに、冷静に、合理的に、丁寧な言葉で話を進めていくことが大事です。eBay事務局も、必要に応じて返品プロセスを監視しています。お客さんだけでなく、eBayの事務局の心証にも配慮しながら、プロの販売者としてふるまうことが、長い目で見て販売者の評価を高めます。

リターン・リクエストは、メールで届きますが、その後は、管理画面からアクセスできます。アクセスするには図5-3のように、［Seller Hub］画面の［Orders］タブにマウスのポインターを持っていき、そこで開くプルダウン・メニューから［Returns］をクリッ

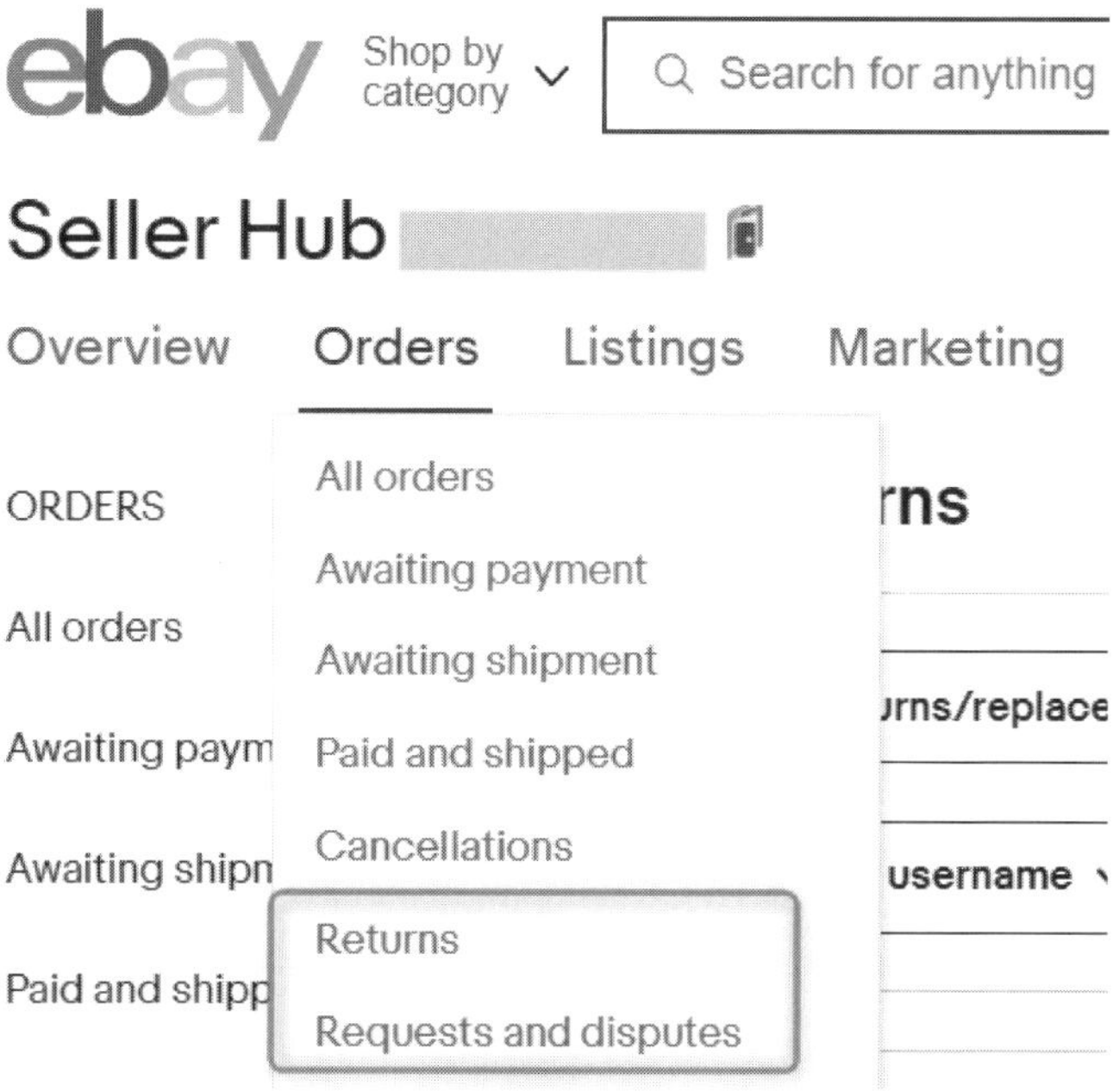

図5−3

クするとメニュー内に、リスト形式で表示されます。なお、返品以外のクレームの場合には、［Requests & disputes］を選択すれば、それぞれの案件がリストアップされます。

返品手続きの流れ

リターン・リクエストで、返品要請を認識したら、その後は以下5つのステップで対応していきます。

■ステップ1　事実確認

←

■ステップ2　部分返金の提案

←

■ステップ3　返品依頼の受諾

←

■ステップ4　返送用ラベルの作成と提供

←

■ステップ5　到着後に返金

以下、個別の項目別に解説していきます。

ステップ1　事実確認

まず事実確認では、お客さんの返品理由や商品の状態を、確認していきます。リターン・リクエストが開いた初期の段階では、たいていは不具合があることが、抽象的に述べられていますので、それを具体的な情報として、お客さんから引出していくことになります。

eBayでは誠実なお客さんがほとんどなのですが、稀にクレームで部分返金を引出そうとするなど、誠実さについてやや疑問を感じる人に出会うこともあります。そうした場合は、コミュニケーション（メール連絡）の中で、不具合の内容を具体的に説明できなかったり、説明に矛盾が生じたりするなど、何かしら不自然な点が見えてきます。そうした材料が出てくると、その時点でお客さん自身が、返品手続きから離脱することもあるのです。これは販売者が自身の身を守るための知恵でもあります。

初心者の方の中には、返品要請が来ただけで、冷静さを失ってしまい、慌てて全額返金してしまう、という気の早い人も見受けられます。まずは冷静に、やるべきことをやっていけるよう、転ばぬ先の杖として、本節の内容を用意していますので、お役に立てて頂ければと思います。

もちろん、ここでの事実確認というのは、常時お客さんの不誠実さを前提とするということではありません。トラブルが生じたのなら、それを解決するために、**お互いに誠意を持ち寄って、解決に向けて協力するという前提**のもとで、合理的な程度で行うものです。

具体的には、届いた商品に、事前の商品説明に無かったキズがある、ということを返品理由にしているのなら、その傷の写真を見せてもらうというのは、合理的な事実確認でしょう。

また、「運送過程で壊れたようだ」という主張を受けたのなら、梱包箱の状態を画像データで送ってもらい、箱の破損状態を確認するということも、合理的な程度での事実確認でしょう。

とくに、運送過程での事故については、運送会社から補償を受けるための証拠としても、梱包箱の状態を撮影した写真の提供を求められます。そうした背景も説明しながら、必要に応じてお客さんに依頼すると角も立ちません。誠実なお客さんなら、大抵はその程度の依頼には応じてくれます。

ここでの注意点としては、**事実確認は、ほどほどに**やることです。こちらの強すぎる懐疑心が相手に伝わるほど執拗に行うと、相手の心証も害し、トラブルを大きくするだけです。あくまでトラブル処理に当たって合理的な程度に留めておくことが重要です。

ステップ2　部分返金の提案

次に、部分返金の提案ですが、これは販売者側の損害を最小限に抑える工夫です。

リターン・リクエストを開く際に、お客さんは返品理由を入力するようシステムから求められます。ここで、「商品の状態が、購入前の商品説明と違う」という理由が、選択されると、返送料は、販売者負担になるルールでeBayは運用されています。

この場合、商品は返送を受けて、その後、状態に問題が無ければ、売り直すこともできますが、往復送料が販売者持ちの負担となります。現在の送料相場からすると、1回の返品で、往復合計7千円から1万円弱の出費にもなりますし、大きな商品なら、送料はもっと拡大するでしょう。

そのため商品の**返送を受けて、売り直すという選択をせずに、ほどほどの部分返金でお客さんに納得頂くほうが、販売者側の負担が少ない**というケースがあるのです。

目安となる部分返金の金額は、商品の価格帯や利幅、そしてお客さんが主張する不具合の程度にもよりますが、まずは返送料相当額が第1段階です。4千円から6千円くらいが目安になります。

次の段階は、その商品で得ている限界利益の額が部分返金の2番目の目安になります。例えば限界利益を1万円得ているとしたら、1万円を部分返金として打診します。そこまで部分返金を大きくしても、販売者にとっては収支トントンで、金銭的な損害を抑えられるのです。

それでもお客さんが納得しないなら、部分返金は諦めて、返送を受けるという判断になります。仮に、往復送料で7千円~1万円程度の損が生じても、もう1回売り直して、次の2度目の販売で利益を1万円得れば、やはり差し引きで収支トントンから3千円の黒字です。

1回返品を受けた商品でも、もう1回売り直すと、次のお客さんに大喜びされる、ということは、しばしばあります。 1人目のお客さんが返品したからと言って、その商品に絶望することはないのです。こういう実例を前にすると、返品といえども、大きなリスクではないということが、わかってくるのではないでしょうか。

また、見方を変えれば、1回の取引で、ある程度の大きさの利幅を得ておくことが、返品リスクをヘッジするために大切であることも分かります。価格帯を低くすると、利幅が小さくなることは、先ほどお伝えしましたが、それは返品が生じた際に、再度売り直しても、当初の返品損失（往復送料）を取り返せないというリスクが高まる、ということでもあるのです。

価格帯が高いと怖くなるのは、人情としては分かります。しかし、**価格帯が低い商品は、ここで述べたデメリット（返品耐性が弱い）と表裏一体**です。ある程度の高さのある価格帯の方が、むしろリスクが小さい点には留意したいところです。

なお、部分返金でお客さんの合意が得られた場合は、リターン・リクエストの画面内にあるRefund（返金）の項目から、部分返金を行うことが可能です。

ステップ3　返品依頼の受諾

返送を決断したら、Accept return（返品依頼の受諾）を行います。リターン・リクエストの画面内に、Accept returnというメニューがあり、そこで返品依頼を受諾する操作が可能です。

ここで大事なことは、期限です。返品依頼の受諾は、リターン・リクエストが開かれてから、通常3日以内に行う必要があります。ということは、これまで説明したステップ1と2である事実確認や、部分返金の打診、それに伴って繰り返されるお客さんとの諸連絡は、この3日間の中で行う必要があるのです。

3日を過ぎるとどうなるかというと、お客さんの判断で、リターン・リクエストから、次の段階の手続きとして、エスカレーションという手続きに進むことができるのです。エスカレーションされると、eBay の事務局が介入してきて、販売者に指示が出されます。それでもトラブルが解決しないと、eBay 事務局の判断で、強制的に返金が行われる場合もあります（その場合は、品物は返ってこないこともあります）。

こうなると、販売者としては、商品を取り返せず、代金も返金されるという最悪の事態になります。さらに厳しいことに、販売者としての成績表（セラー・ダッシュボード＝後述）に減点が記録されます。減点が蓄積すると、セリング・リミットが削られるなど、ペナルティが課されます。

このように、返品依頼の処理は、各工程に期限が設けられているので、そうした期限を意識しながら、お客さん対応を進めることが必要になります。

ただ、リターン・リクエストが開いてから3日を経過した後で、エスカレーションするかどうかは、お客さんの判断です。この3日間でお客さんとの信頼関係を失わないような誠実な連絡関係が維持できれば、エスカレーションされるリスクも減って、3日経過後も落ち着いて返品対応の連絡を継続できる余地が残ります。このような対応をすることで、部分返金など、損失を最小化する選択肢も増えるのです。そのためにも、販売者側の冷静で、誠実な対応が大切になるのです。

ステップ4　返送用ラベルの作成と提供

返品依頼を受諾したら、次は返送用の発送ラベルを作って、お客さんに提供します。

返送用ラベルは、DHLやFedExのラベル作成サイトで作りますが、「輸入」用アカウントを使って、ログインするところがポイントです。ラベル作成の要領は、輸出の場合に準じますが、困ったら各運送会社のカスタマー・サポートに相談するなど、迅速に対処して作っていきましょう。このように販売者側のアカウントを使って、輸入用ラベルを作ることで、割引の効いた運賃での返送が可能になります。

逆に、お客さんが自分で運送会社に持ち込んで発送すると、消費者価格の割高な送料をお客さんが払うことになり、後でその割高な返送料を誰が負担するのかという点が、トラブルの火種になります。留意しておきましょう。

返送用ラベルはA４用紙で数枚のボリュームになります。eBayのリターン・リクエストの画面には、返送用ラベルをアップロードするメニュー（図5-4、図5-5）がありますので、事前にパソコンに保存した返送用ラベルのＰＤＦファイルを、そこからアップロードします。

ステップ5　商品が届いたら返金

返品依頼への対応として、最後のステップが返金の実行です。海外から自分の許に商品が到着したら、品物を確認して、迅速に返金を実行します。特に問題が無ければ、リターン・リクエスト画面内にある［Refund］というボタンをクリックし、金額を確認したら図5-6（Ｐ２４３）の通り、［Next］ボタンから返金します。これで、返品依頼への対応は完了です。

ここで注意が必要なのは、返送された商品に問題があった場合です。付属品が不足して

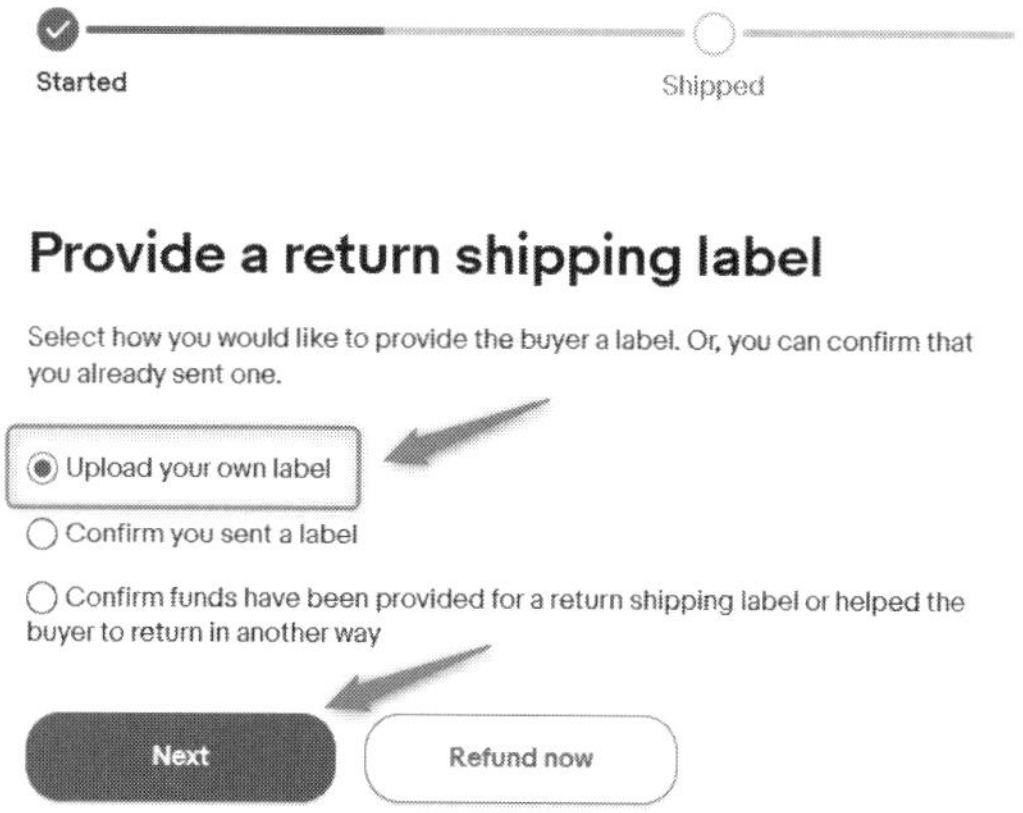
Started
Shipped
Provide a return shipping label
Select how you would like to provide the buyer a label. Or, you can confirm that you already sent one.
Upload your own label
Confirm you sent a label
Confirm funds have been provided for a return shipping label or helped the buyer to return in another way
Next
Refund now

図5−4

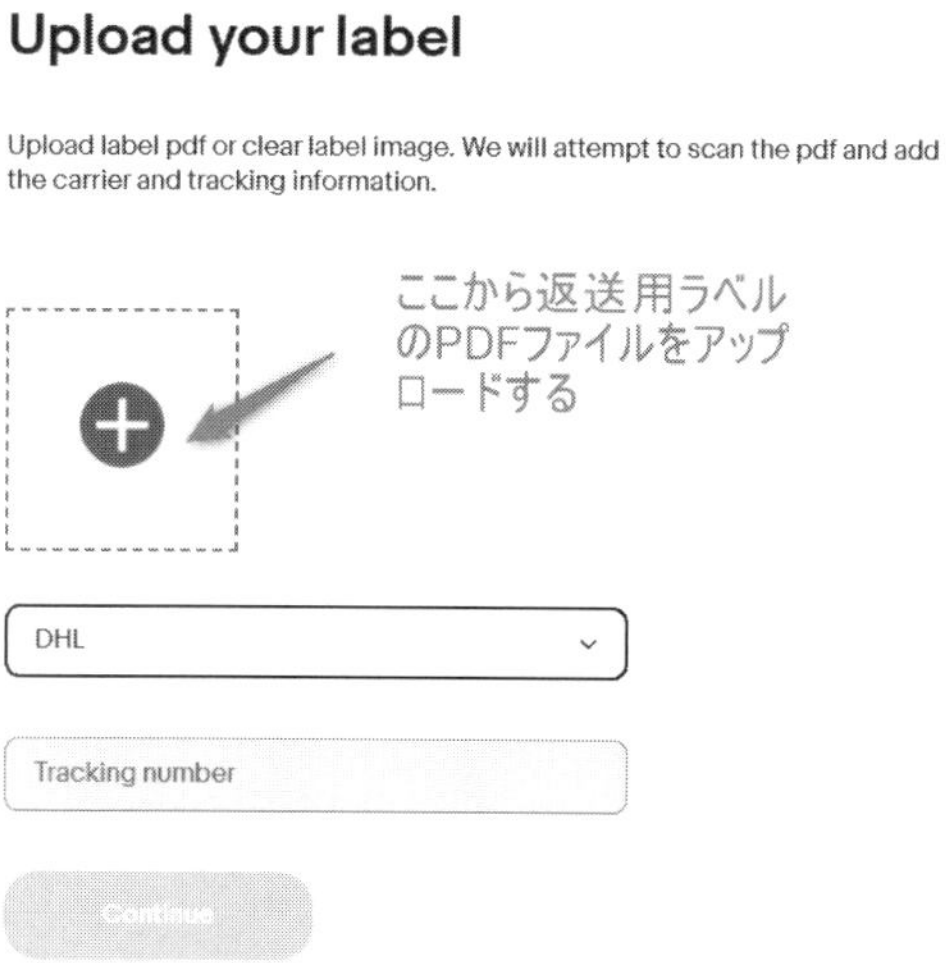
Upload your label
Upload label pdf or clear label image. We will attempt to scan the pdf and add the carrier and tracking information.
ここから返送用ラベルのPDFファイルをアップロードする
DHL
Tracking number
Continue

図5−5

いるとか、壊されて返送されたとか、販売者側に責任の無い何らかの原因で損失が生じた場合には、返金額を調整（減額）して返金することも「システム上は」可能です。その場合は、［Deductions（Edit）］と表示があります（図5-6）が、［Edit］（編集）をクリックして、減額する金額を入力します。

先に「システム上は」と限定したのは、返金額の減額にはお客さんとの合意が必要だからです。事前合意なしに販売者の判断で減額して、お客さんが不満を持った場合には、やはりエスカレーションされ、事務局（カスタマー・サポート）が介入する可能性があります。

ここで、**明らかにお客さん側に責任があるという根拠固めができている場合には、販売者有利の判定がされることがあり**、そうなれば減額した返金で解決することになりますし、セラー・ダッシュボードに減点が残ることもありません。

しかし、そのためは、お客さん側に責任があるという証拠となる画像や、メッセージの記録など、根拠をしっかり残し、コメントや画像で、事務局にPRしておくことが必要です。

そのためのコメント欄や、画像アップロード欄（＋マーク）が、先の画像にあることを確認しておいてください。
なお、このような判定を勝ち取るのは、根拠づけや証拠資料の点で、かなりハードルが高いという点は留意しておきましょう。

私自身が体験した思い出深い事例としては、返品された品物が、梱包箱の中に入っていなかった、という事例がありました。空の段ボールだけが返送されてくるという信じられないことが起きたのです。この場合、商品が入っていなかった、ということをどうやって事務局に立証したらよいでしょうか？　正面から「ありませんでした」と事務局に泣きついても、私

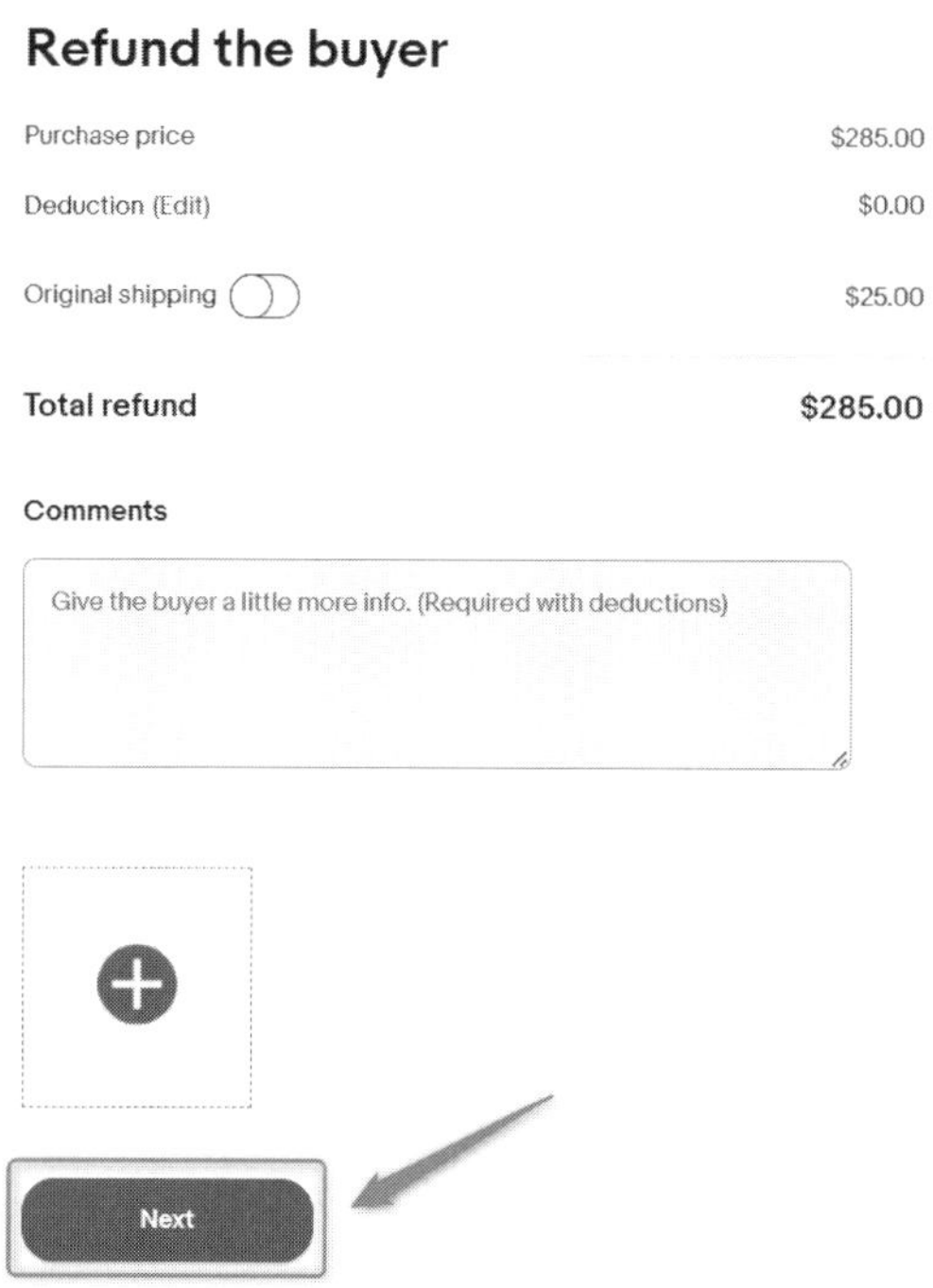

図5−6

が隠しているだけ、あるいは、「あるものを無い」と言っているだけ、と反論されれば、後は水掛け論となり、解決しません。

この場合は、私は発送ラベルに記載された重量を証拠資料としてアップロードしました。どういうことか？　少し古い事例なのですが、紹介します。この件ではノルウェーのお客さんから商品が返送されたのですが、現地の郵便局を使って返送されてきました。郵便局の発送ラベルには、重量を記載する欄があったのですが、その返送時の重量が、日本からの発送時の重量よりも、1kg以上軽かったのです。梱包箱や梱包方法が、往きと、帰りで多少違っても1kg以上違うことは考えにくいです。日本からの行きのラベルと、ノルウェーからの帰りのラベルをセットで、事務局に画像として提出して、両者を比較してもらうことで、エスカレーションにおいて販売者勝利の判定を勝ち得ました。

この事例は、空箱で帰ってきた場合だけでなく、違う品物が返送された場合にも、応用可能です。高価なものを売ったのに、返品されたものは安い別物だったという場合が、ごく稀にあるのです。そういう場合にも、重量が違うということは、品物が違うという状況証拠として使えますし、その差が大きいほど、証拠能力も高まるでしょう。なお後者は私のスクールの受講生の事例です。

ただ、どちらも極めて稀な事案ですから、不安になる必要はないのですが、いざという時に、こうした事例に触れておくと、対処の方向性を考えるヒントになると思い、老婆心ながら紹介させて頂きました。

関税クレームに対処する3つの戦術

前節では、返品依頼の対処方法を説明しましたが、返品の理由で一番多いのは、「商品説明と届いたものが違った」という理由です。分かり易く言えば、商品の状態が思っていたより良くなかった、ということですが、商品の状態は売り手、買い手の主観に依存するため、認識のすれ違いはどうしても残ります。そのためゼロにはなりませんが、丁寧に販売して行けば、先述した通りその発生頻度はかなり限られたものになります。

次によくあるのが、関税に関するクレームです。関税は商品を輸入する国の政府が、自国の産業保護を目的に、輸入者に対して課税します。そのため、eBay のルール上も、**輸入者であるお客さん負担が原則**となっています。

ところが、関税は商品の配達時に請求されるため、購入時で、お客さんが関税の存在に気づかないということが起きるのです。もちろん日本から輸出する販売者の多くは、商品説明欄に、「関税はお客さん負担」である旨の注意書きをしていますが、それに気づかないお客さんもいます。その結果、商品配達時に請求されて驚き、そのショックから販売者にクレームを伝えてくるケースが散見されるのです。

これが起きるのは、主に欧州です。欧州はＥＵとして経済圏を築いていますが、外側から入ってくる商品に高い関税をかけてブロック経済化していることが、eBay でのトラブルの要因となっているのです。

なお、最大の市場であり一番よく売れる米国では、eBay の取引で関税が問題になることは、私の経験上ほとんどありません。関税がそれほど高くないか、課税されないケースが多いことが要因と思われます。

この関税が欧州等の取引で問題となるのは、具体的には次の3つの場面です。

関税未払いで配達ができない場合の対処法

1つ目は、お客さんが関税を支払おうとせず、運送業者が配達できない場合です。

この場合は、商品は日本に返送されざるを得ませんが、販売者としては、送料が無駄になります（商品は売り直しできます）。この場合は、取引が成立しなくなったことが、お客さんの責任であることは、明確です。

私自身は、まずは自分から、お客さん宛てにメッセージを送って、関税の支払いと商品の受け取りを促します。ここで、関税の支払いを明確に拒否する返事が来る場合は、それを一旦受け止めます。

また、お客さんの中には、返事すらせずに、沈黙を保つ人もいますので、2回程度は、繰り返し受け取りを促すメッセージを送って反応を待ちます。

以上のように、**販売者としてやるべきことをやった（記録を残した）うえで**、それでも受け取ってもらえない場合に、具体的な対処については、eBay のカスタマー・サポートに相談することをお勧めします。それまでの経緯と状況を説明して、指示を仰ぐのですが、販売者としてなすべき責任を果たしている以上、販売者に不利な対応を求められるリスクは少ないはずです。

返品時に関税まで支払いを求められた時の対処法

関税が問題に上がる2つ目の場面は、返品が発生した時です。お客さんが関税を支払ったうえで、商品を受け取ったところまでは良かったものの、その後になって、商品が気に入らずに、返品を求められた場合がここに該当します。

この場合、お客さんとしては、「商品を返送するのだから、支払った関税まで返してほしい」という無理筋の要求をしてくることが、稀にあるのです。

販売者としては、関税まで受け取っていませんし、返金の限度は、当初受け取った販売代金（受取送料を含む）までです。

このような場合に私は、関税が課税される目的（輸入国側の政府による自国内の産業保護）を伝えて、「**あなたの国の政府から返金してもらってください**」と、伝えるようにしています。eBay上では関税はお客さんの責任である点は、先述した通りですが、それに立脚した返事です。そのうえで、商品がお気に召さないことから来る返品依頼は、淡々と受け入れて処理するようにしています。

ネガティブ・フィードバックを付けられた場合の解決策

ここまでに挙げた対処方針をとれば、関税が原因となって、販売者側に損失が生じることとは、かなりの確率で防げます。しかし、根に持ったお客さんが、取引後に残すフィードバック（評価）の中で、悪い評価（ネガティブ・フィードバックといいます）や、コメントを記載することがあります。悪い評価は、記録として残り続けます。

また、評価総数に対する良い評価の割合も公開されますが、その集計期間は、通常は12か月と長いのです。これでは、その後の取引について、売れ行きに影響するなど、販売者の不利益になりますので、放置せずに対処すべきでしょう。

この点では、フィードバック（コメント）の内容から、関税を理由としていることが明確であれば、eBayのカスタマー・サポートに相談することで、そのフィードバックを削除してもらえることが多いです。

このように、関税を理由としている場合には、売り手・買い手のバランスに配慮した公正な取り扱いをしてもらえるケースが多いので、アカウントの保全や、不要な損失を回避する材料として覚えておくとよいでしょう。

以上、返品依頼を受けてから、返送・返金で解決するまでの、基本的なプロセスや、関税から生じるトラブル、それらの関連論点を解説しました。

文章で読むと緊張感が高まる話かもしれませんが、冒頭でお伝えした通り、返品依頼は、2～5％というのは、私や周囲の実践者の実態です。95～98％は、正常な取引として返品に負けない十分な利益が得られます。大局観をもって、事業の拡大に励んでいきましょう。

セラー・ダッシュボードとＴＲＳ　販売者としての成績表

第4章がeBayの導入段階とすると、第5章は運用段階に当たります。そのため、売上や利益水準の維持の他、返品対応について解説してきましたが、本書を締めくくるに当たり、最後に、セラー・ダッシュボードと、ＴＲＳについて解説しておきます。

セラー・ダッシュボードとは、eBayにおける優良な販売者としての成績表のことですが、具体的には、アカウントの運用段階での減点が記録されていく管理画面として確認できます。

eBayでは、自動車の運転免許制度と同じように、販売者としての減点項目が、いくつか用意されていて、減点項目に該当する取引を行うと、それが記録、蓄積されていきます。そして、一定数以上、減点が蓄積されると、セリング・リミットの減少など、ペナルティが課されますし、売れ行きの停滞にもつながります。

逆に、販売者として（減点が少なく）良好な販売姿勢を維持していくと、TRS（Top Rated Seller・優良販売者）として認定され、お客さんが認知できるバッジが、出品ページ上に表示されるようになり、信頼性も上がります。

以上のように、**アカウントの運用段階で、販売者が留意すべき減点事項が、セラー・ダッシュボードや、TRSの要件の中に集約されている**のです。そこで、本節では、これらの事項を解説しながら、末永くeBayのアカウントを運用していくためのポイントをお伝えしていきます。

セラー・ダッシュボードを読み解く方法

最初に、セラー・ダッシュボードへのアクセス方法をお伝えします。

■画面最上部のMy eBayにマウス・オン
↓
■プルダウン・メニューで［Summary］をクリック
↓
■［Account］タブをクリック
↓
■［Seller Dashboard］をクリック
↓
以上のアクセス経路（図5-7）で、セラー・ダッシュボードを閲覧できます。ただ、

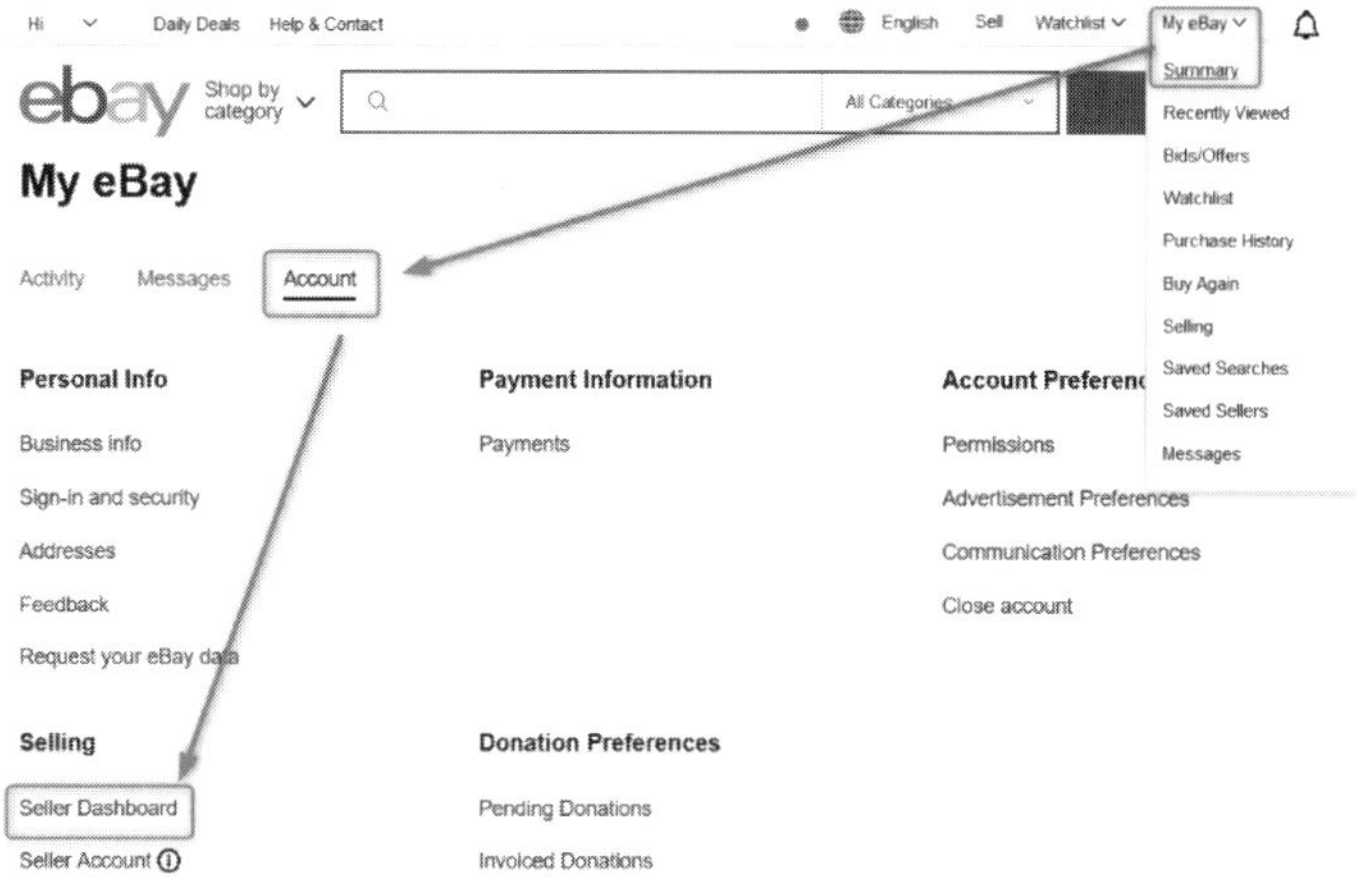

図5−7

販売実績がない段階では、取引データが集計できないため、セラー・ダッシュボードは閲覧できず、出品を促すボタンが表示されるに留まります。

セラー・ダッシュボードを開くと図5-8の通り、［Your seller level］（販売者レベル）という見出しの下に、［Above Standard］（標準以上）という文字が見えます。アカウント取得直後で、取引実績が少ないうち（過去12か月で100件未満）は、［Above Standard］になるはずです。運営実績が蓄積されていれば、中には［Top rated］（優良）と表示される人もいるかもしれません。

図5-8の通り、販売者レベルは3つ表示

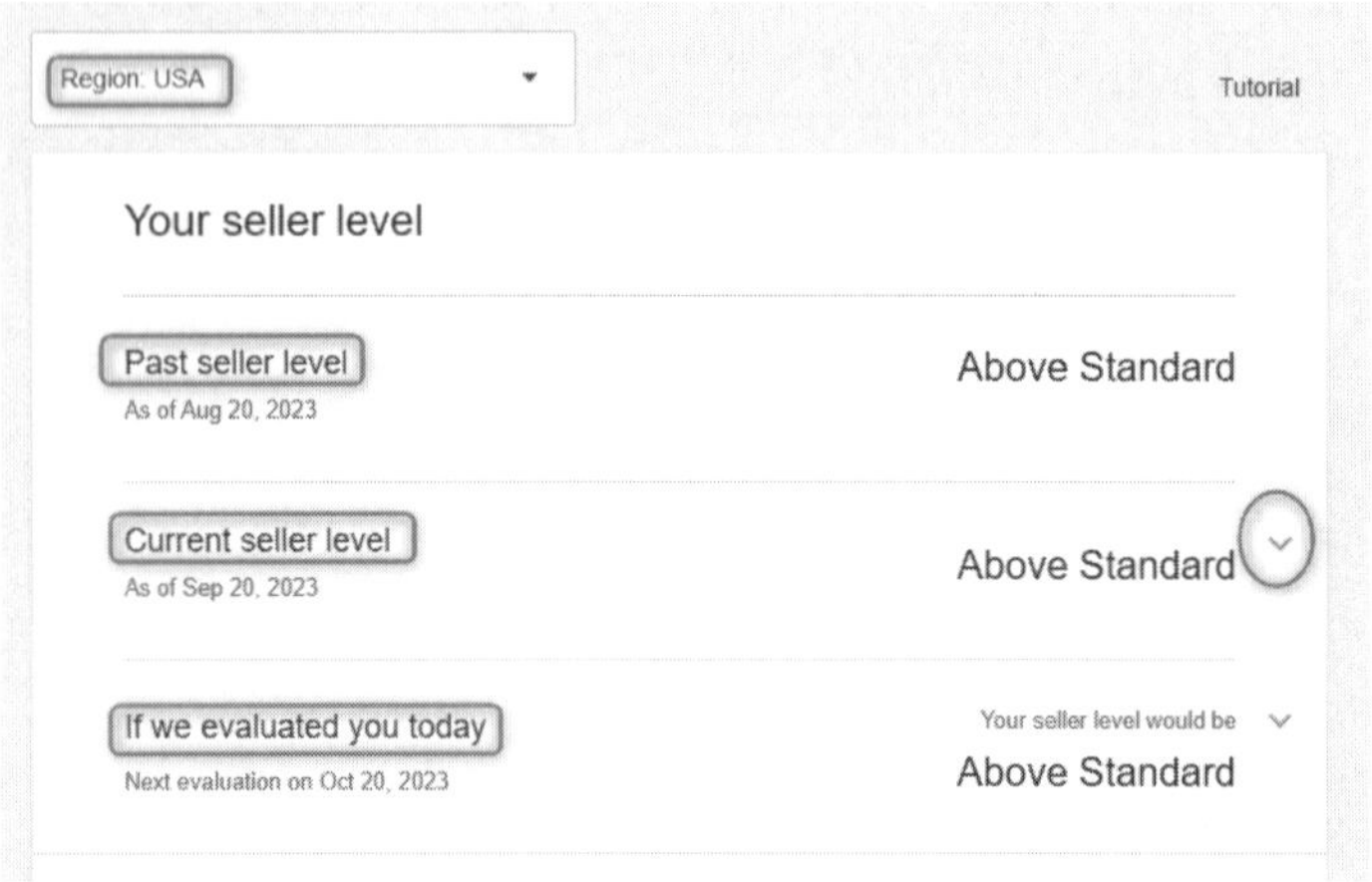

図5−8

されますが、これらは過去［Past］・現在［Current］・未来［If we evaluated you today］（翌月の20日の予想）です。セラー・ダッシュボードは、毎月20日の時点で集計され、過去12か月にわたる取引実績がカウントされるのですが、その時系列推移を表示しているわけです。なお、この集計期間は過去3か月の取引総数が４００件以上なら、３か月に短縮されます。

さらに、図5-8の上部には、［Region:USA］と表示がありますが、そこはプルダウン・メニューになっていて、米国宛ての販売だけでなく、英国・アイルランド宛て、ドイツ・オーストリア・スイス宛て、その他の地域［Global］宛てという4種類の地域別の集計結果を表示できるようになっています。

このように、**時系列かつ地域別に、細かく区分表示させているのは、eBayが販売者に対して、「緻密に管理してほしい」という意思表示**をしていることになり、eBayがそれだけ、セラー・ダッシュボードを、重視しているということでしょう。

次に図5‐8において、現在［Current］と、未来［If we evaluated you today］の販売者レベルついては、折り畳み表示となっていて、画面右の［>］マークをクリックすると、内訳を表示できます（次ページ、図5‐9）。その内訳がセラー・ダッシュボードの実体部分（減点および加点項目のリスト・大項目）です。内訳には、さらにその内訳表示（小項目）があり、具体的な項目を表示させることができます。

図5‐9を見ると、上から［Transaction defect rate］（取引不良率）、［Late shipment rate］（配達遅延率）、［Cases closed without seller resolution］（販売者が解決できなかった事案の発生率）、［Tracking uploaded on time and validated］（追跡情報が適時に登録された割合）が表示されています。

基本的にはこの**4項目の下にある内訳項目をチェックして、取引の健全性を図っていくことが、アカウントの保全上重要になります。**以下、各大項目別に、その内訳である小項

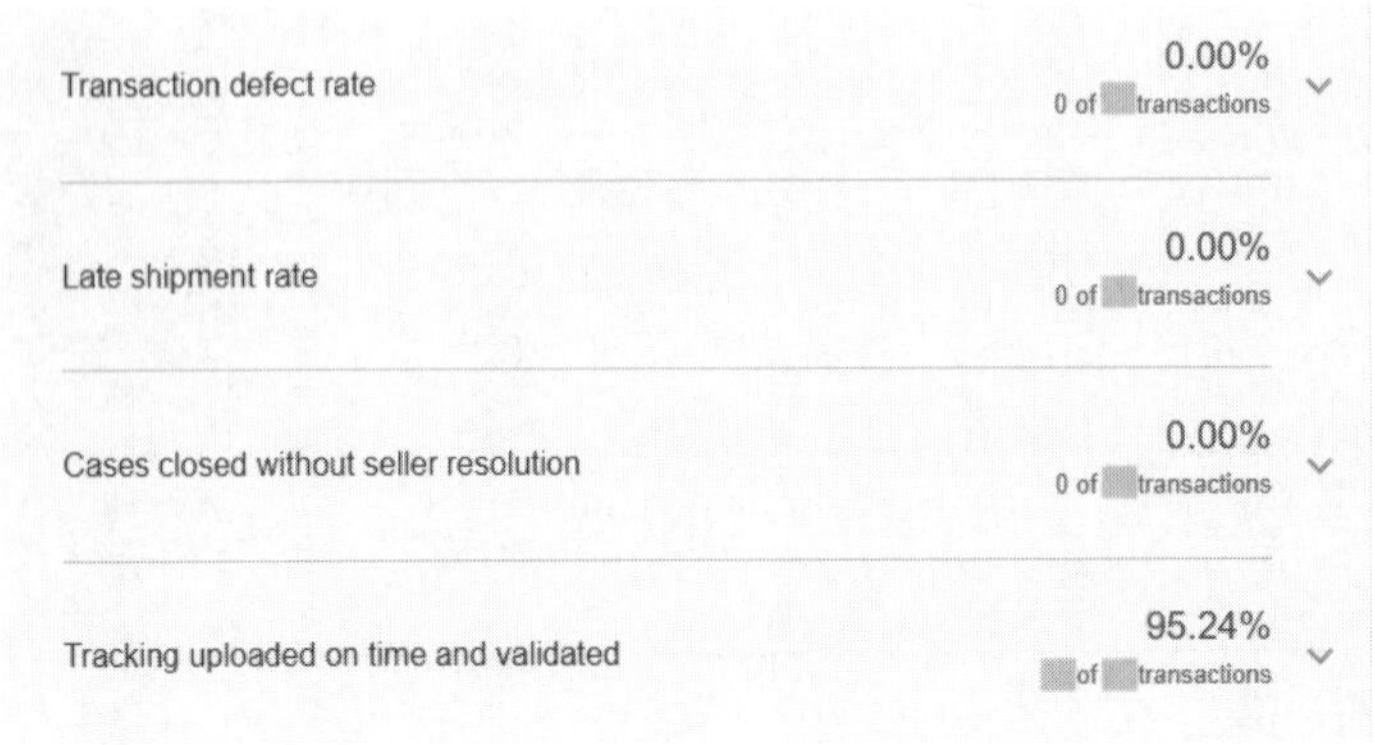

Transaction defect rate
0.00%
0 of [redacted] transactions
Late shipment rate
0.00%
0 of [redacted] transactions
Cases closed without seller resolution
0.00%
0 of [redacted] transactions
Tracking uploaded on time and validated
95.24%
[redacted] of [redacted] transactions

図5－9

目の詳細を追っていきます。

◆［Transaction defect rate］（取引不良率）

取引不良率は、その内訳項目として2つの小項目があります。図5-10にあるように、

〈1〉［Transactions you canceled for being out of stock］（在庫切れを理由にした販売者からのキャンセル）と、

〈2〉［Cases closed without seller resolution］（販売者が解決できなかった事案の発生率）です。

まず、在庫切れを理由としたキャンセルは、販売者に対する顧客の信頼低下を引き起こすだけに留まらず、eBayというマーケット自体の信頼性を損ねる原因となります。このため、在庫切れキャンセルは、減点項目の最初に挙げられています。

次に、［Cases closed without seller resolution］（販

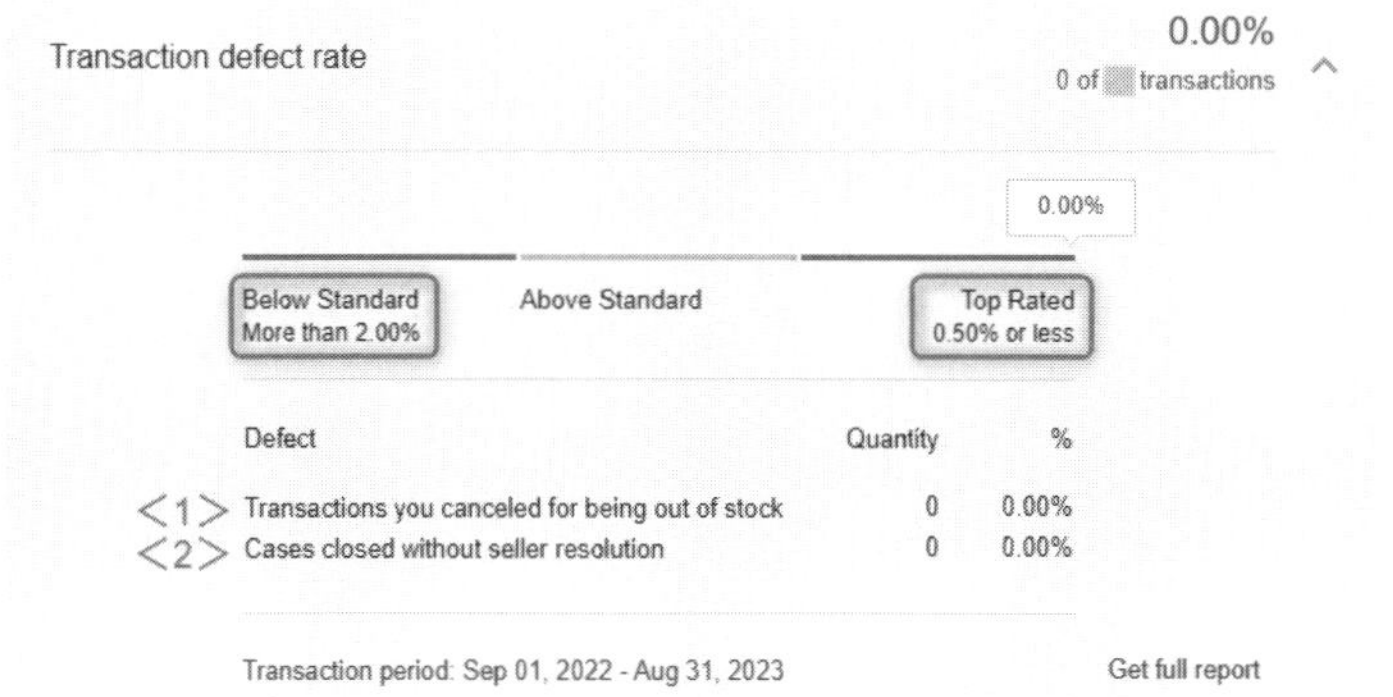

図5－10

売者が解決できなかった事案の発生率）は、お客さんからの返品依頼など、クレームが生じた場合に、販売者自身の顧客対応では解決に至らずに、最終的に事務局（カスタマー・サポート）の裁定によって、事案が閉じた取引の数が減点としてカウントされます。

誠実にお客さんと向き合っていれば、この減点がつくことは滅多にありませんが、誠実さを欠く場合は、時としてこのような減点を受けることがあります。

これらの減点は、1回につき1個カウントされますが、Top Rated（優良）と認定されるためには、12か月（または3か月の）取引数全体に対して、この減点の数が0・5％以内に収まっている必要があります。図5－10に［Top Rated 0.50% or less］と表示がありますが、それを意味しています。この割合が、2％を超えると、［Below Standard］（標準以下）となり、これは販売者としては、落第ということです。

ここに挙げた、0・5％とか、2％という基準値は、かなり厳しい値だと感じられるかもしれませんが、**在庫切れキャンセルや、クレーム処理の失敗に対しては、それだけ「注意して取り組んでほしい」という、eBay事務局からのメッセージ**でしょう。

［Below Standard］となった場合のペナルティは、検索結果での不利な表示、販売手数料（FVF）の追加6％の引き上げ、Promoted listingの利用制限など、様々にあります。

なお、私がお付き合いしている大勢のスクール生や、規約通り在庫を保有して販売している誠実なeBay仲間を見ていると、［Below Standard］となるほど大きな失敗してしまう人の事例は、見たことはありません。10年ほど前に1名だけ、例外的な事案として話に聞きましたが、明らかに誠実さを欠く乱暴な売り方をしている事例でした。

気を付けて実践して頂ければと思います。

◆**［Late shipment rate］（配達遅延率）**

この項目は、商品の配達の遅れをカウントするものです。具体的には、2つの要件があり、予定配達日よりも「後に」到着したことが、運送会社のデータに記録され（要件1）、

「かつ」、ハンドリング・タイム内に、運送会社の荷物引受時のラベル・スキャンが行われていない（要件2）場合に、この減点がカウントされます。

つまり、出品者がハンドリング・タイム内に、商品を運送会社に引き渡せば、要件2を満たさないので、この減点はカウントされないことになります。

販売者が減点を受けないために、ハンドリング・タイムを守ることが大事であることが確認できます。

ハンドリング・タイムについては、第4章で解説しましたので、必要に応じて復習しておきましょう。自信のない人は、ハンドリング・タイムに余裕を持たせて設定しておけばよいでしょう。

配達遅延率に関する以上の説明は、追跡サービスを利用することが前提なのですが、普通郵便などで追跡サービスが無い発送方法を使用する場合は、お客さんが入力する事後評価の内容に遅延に該当する指摘があれば、減点がカウントされます。追跡サービスを使ったほうが、減点から身を守りやすいでしょう。

なお図5-11の通り、この配達遅延率は、［Top Rated］の許容率が3％と比較的大きいこともあり、取引不良率と比べると、それほど厳しい扱いにはなっていません。

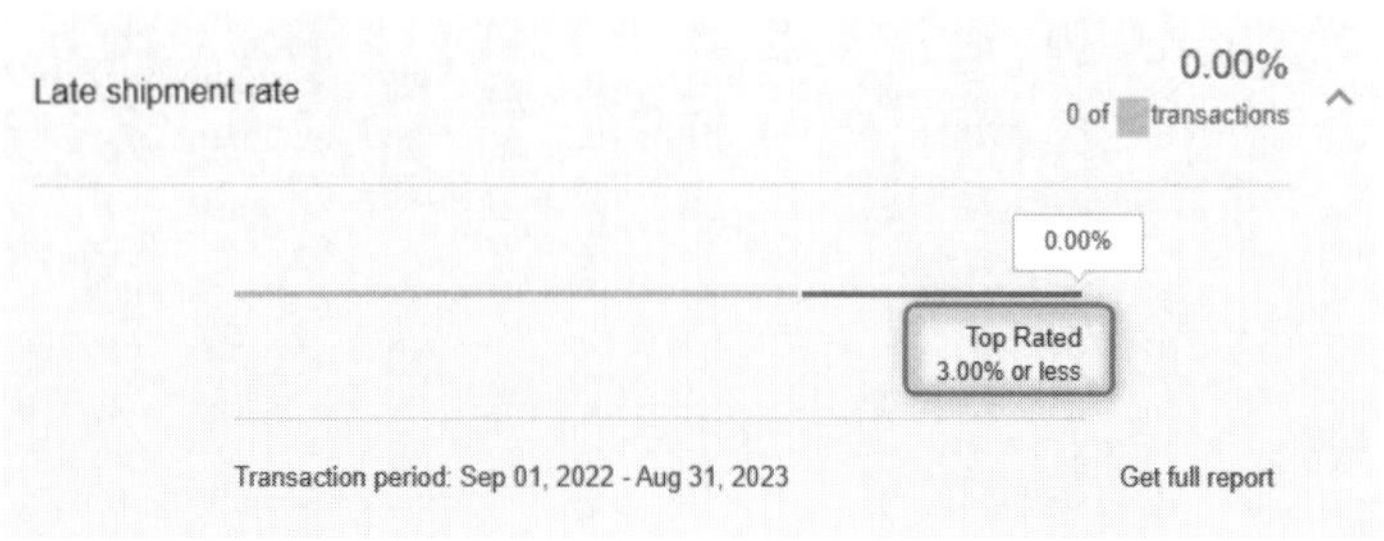

図5−11

◆［Cases closed without seller resolution］（販売者が解決できなかった事案の発生率）

これは、取引不良率の内訳である小項目として、先ほど解説しましたが、なんと**大項目としても2重にカウント**されます。

しかも、先ほどの取引不良率では、在庫切れキャンセルと合わせてTop Ratedの基準値が0・5％以内でしたが、図5−12を見ると、こちらの大項目では、0・3％に基準が厳しく引き上げられています。さらに［Top Rated］（優良）と、［Below Standard］（標準未満）の間に、**［Above Standard］（標準以上）がありません。**

つまり［Top Rated］（優良）の基準値を外れたら、即座に落第ということです。顧客対応を疎かにする販売者に対して、eBayがいかに厳しい態度で臨むか、ということが見えてきます。

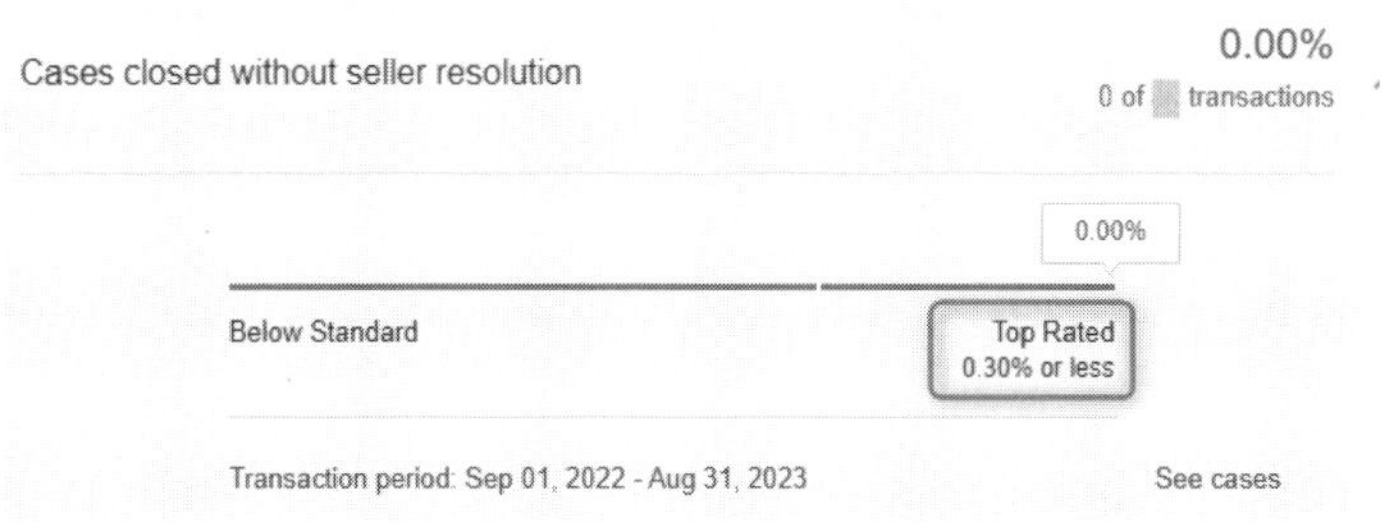

図5－12

こういった背景も踏まえて、本章前段においては、顧客対応の在り方についても、紙面を多く割いて、詳しい解説を取り上げたわけです。

◆［Tracking uploaded on time and validated］（追跡情報が適時に登録・認証された割合）

これは、大項目の4つ目となり、追跡番号が適時に登録されなかった場合に、減点としてカウントされます（次ページ、図5－13）。95％以上、適時に登録されていれば、［Top Rated］の要件を満たすことになります。内訳として、［Not uploaded at all］（登録なし）、［Uploaded late］（登録遅延）、［Uploaded on time but no carrier scan］（適時登録後に運送会社によるバーコード・スキャン無し）という3つがありますが、いずれも減点としてカウントされます。

◆Top Rated Seller（優良販売者）の認定要件と特典

以上、セラー・ダッシュボードにおける4つの大項目を順

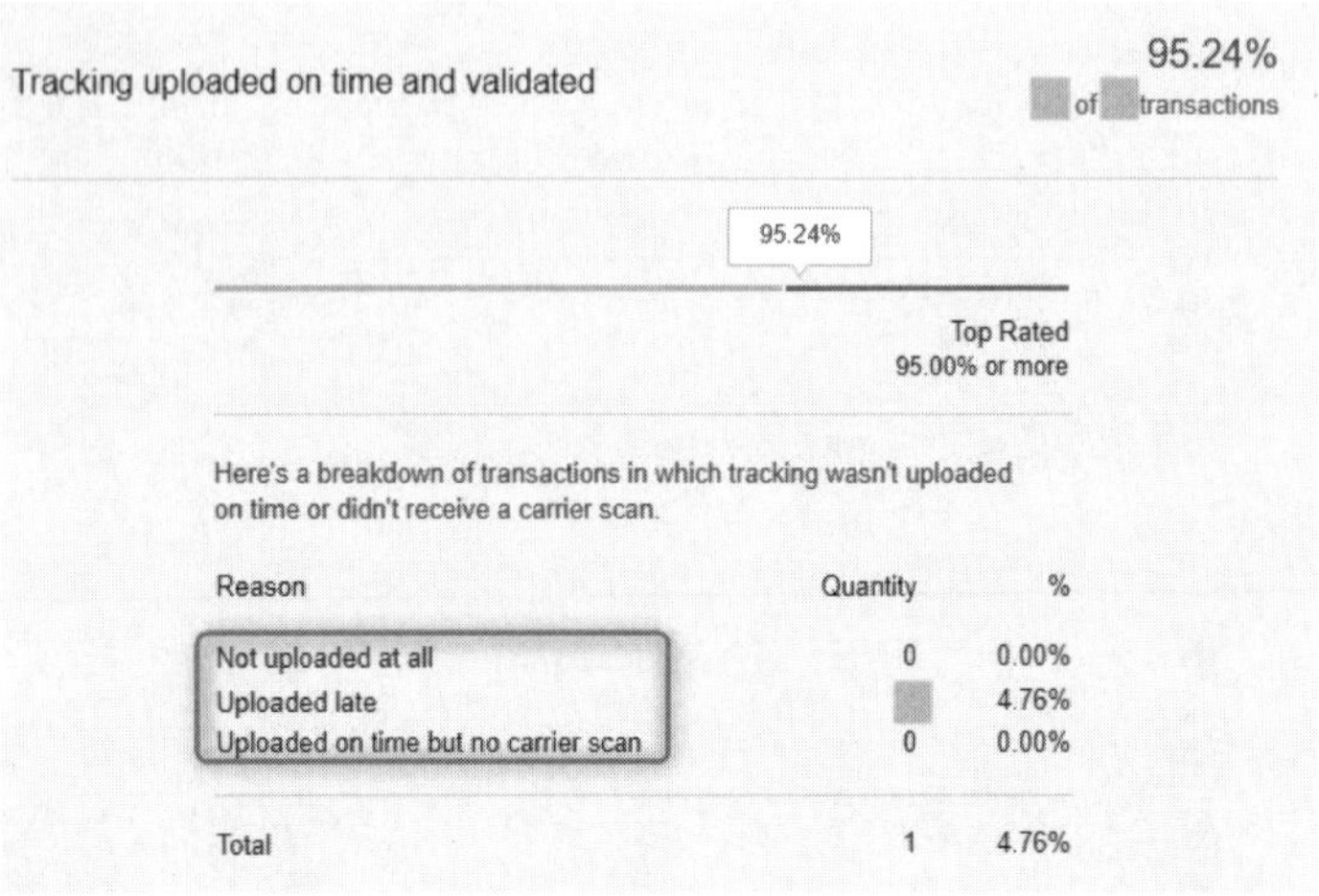

図5−13

に解説してきましたが、各大項目において［Top Rated］の要件を、それぞれに満たし、さらに1000ドル・100件以上の取引件数を達成すると、［Top Rated Seller］（TRS・優良販売者）として認定を受けられます（集計期間は過去12か月）。

TRSの認定を受けると、**検索結果でも優遇され（SEO効果）、販売促進効果**が得られます。

さらに、一定の要件のもとで、2つの特典が得られます。1つは、優良販売者としての認定バッジです。検索結果や商品ページに、バッジが表示され（図5−14、図5−15）、優良販売者であることが、お客さんに伝わります。そのため、**顧客心理面から**

図5－14

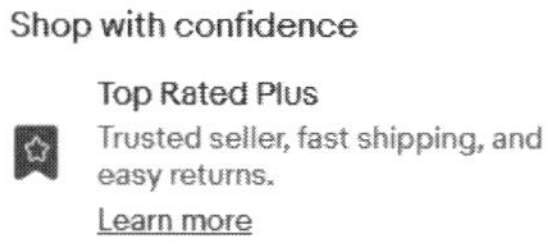

図5－15

も、**販売促進上の効果**が期待できます。もう1つの特典は、**販売手数料（ＦＶＦ）の10％割引**です。この2つの特典を、［Top Rated Plus］と呼びます

［Top Rated Plus］の特典を得る要件は、優良販売者・ＴＲＳであることに加え、次の2つが必要です。ハンドリング・タイムを1営業日に設定してそれを遵守すること、さらに、30日以上の返品受諾設定（返送料販売者負担）を行うことです。

初心者が、アカウントを取得し、リミット・アップを行った後は、売上や利益の目標と合わせて、まずは、このＴＲＳになるところを目指して、頑張ってみると、実践のなかで励みになります。

【著者略歴】

志村康善（しむら・やすよし）

クールジャパン個人貿易学院学院長。

1975年東京都生まれ。慶應義塾大学環境情報学部卒業。カリフォルニア州立大学にて会計単位を取得。

大学卒業後、税理士事務所等に勤務し、フランス、英国、米国など世界各国の国際会計業務に従事。2009年、海外出張の際に内外価格差に気づくとともに、「趣味」という眠れる資産を掘り起こしてeBay輸出に成功。その後変遷を経て、独立5か月目に収入4倍増を達成し、その経験をもとにeBayスクールの講師をスタート。

受講生の中には、就職が難しい中で子育て後の第二の人生をeBayで切り開く50代専業主婦（月利50万円）、eBay輸出で残業を減らし、子供とすごす時間を増やせた40代正社員のシングルマザー（月利30万円）、トラックドライバーから貿易事務所社長に転身した30代男性（月利150万円）のほか、eBay Japan Category Growth Award個人部門2年連続受賞者や、eBay公認コンサルタント等、卒業生として第1級のeBayセラー達を輩出。趣味から実益を生み、そして人生に変化を起こす人財を多数育成中。著書に『ネット個人輸出の成功マニュアル』（ビジネス社）など。

eBay個人輸出で3倍儲けるマニュアル

2023年12月1日　第1刷発行

著　者　志村康善
発行者　唐津　隆
発行所　株式会社ビジネス社
〒162-0805　東京都新宿区矢来町114番地　神楽坂高橋ビル5F
電話　03-5227-1602　FAX 03-5227-1603
URL　https://www.business-sha.co.jp/

〈カバーデザイン〉大谷昌稔
〈本文DTP〉株式会社三協美術
〈印刷・製本〉モリモト印刷株式会社
〈編集担当〉中澤直樹　〈営業担当〉山口健志

© Yasuyoshi Shimura 2023 Printed in Japan
乱丁・落丁本はお取り替えいたします。
ISBN978-4-8284-2577-1